AF218946

Republik der Falschspieler

Gedichte

Marko Ferst

Edition Zeitsprung

„Hat man viel, so wird man bald
Noch viel mehr dazubekommen.
Wer nur wenig hat, dem wird
Auch das wenige genommen."

Heinrich Heine

Republik der Falschspieler

Gedichte

Marko Ferst

Edition Zeitsprung

Bibliografische Information durch die Deutsche Nationalbibliothek: Die Deutsche Nationalbibliothek verzeichnet diese Publikation in der Deutschen Nationalbibliografie; detaillierte bibliografische Daten sind im Internet über http://dnb.d-nb.de abrufbar.

© Edition Zeitsprung, Berlin 2021, 2. Auflage
(1. Auflage 2007, Engelsdorfer Verlag, Leipzig)
ISBN 9783754317693

Umschlagfoto: Marko Ferst

Alle Nachdrucke sowie Verwertung in Film, Funk und Fernsehen und auf jeder Art von Bild-, Wort- und Tonträgern honorar- und genehmigungspflichtig. Alle Rechte vorbehalten. Das Urheberrecht liegt beim Autor.

Annekathrein Petereit und Sabine Naumann ist für ihre Unterstützung zu danken.

Herstellung und Verlag: BoD – Books on Demand, Norderstedt

Leuchtspuren

Von der Gravitation
etwas losgelöst
das Licht trägt sich selbst
fort von den
metallenen Bodenkämpfen
Aufstieg wagen
Widerstände verblassen
immer mehr dort
als hier sein
die Seite wechseln
so oft es geht
und trotzdem eintreten
für das was ansteht
zwischen Licht und Erde

Wolga

Mitunter ohne Horizont
Meer wie Fluß
ausladende Breite
Inselflecken
von Zeit zu Zeit
frischer Fisch im Kutter
rostiges Metall
Lastschubkähne in Übergröße
waldbestückte Uferhänge
Passagiere
die am nächsten Halteponton
aussteigen
weiß und schnell
Tragflächenboote
irgendwo wird
eine Gans gerupft
für den nächsten Sonntag
Dörfer hier und da
Wiesenweiten
Heuschober

In der Nähe von Kasan

Belvedere

Kein Schloß, halb Phantasiegebilde
Bronzepferde, geflügelt
neu entstiegen aus Ruinenschlaf
Bürger wollten nicht mehr zusehen
nahmen in die Hand
was der Gang der Zeit
ganz anders lösen sollte
Harke, Sense und Volksfest
setzten frei
was führenden SED-Genossen
so gar nicht passen wollte
ein Stück Italien
auf dem Pfingstberg
von grau zu leuchtend gelb verwandelt
zwei Aussichtstürme geben Übersicht
auf Potsdam und ins weite Land
Säulengänge
wie in der Antike
inmitten ein Bassin

Orient & Occident

zur gleichnamigen Musik-CD von Arvo Pärt

Tonkrüge, Oasenluft
geschnitten in Wüstendünen
eine Musikarena gestimmt
zwischen Mohammed und Christus
die Karawane zieht
auf Wegen
zwischen den Orten
von Stimmen
zu einer Stimme
Frauengesang
entlang von Bibel und Koran
Versöhnung der Lichter
göttliche Aussicht
orientalische Klänge
und christlicher Bund
Worte und Töne
sie schweben und ruhen
schöpft frisches Brunnenwasser
brecht an das Brot

Versteckspiel

Verklungene Melodie
suchst die Schlupfwinkel
in Stadtvierteln
Geflüsterstimmen
sie streicht
über die Haut
Liebesworte ungesprochen

Kein Pardon
es kommt und verschwindet
der Kellner serviert
Champagner
in allen Gassen springt
sie umher
achtlos gehen die Suchenden
vorüber

Kasan

Ganz in weiß
stattlich fast uneinnehmbar
Kremlmauern
auf den Türmen
goldner Halbmond und Sowjetstern
der Regierungssitz
inmitten von Baustellen
bald neu eröffnet
mit türkisen Dächern und Spitzen
eine Moschee
noch weißer bei Mittagssonne
vollendet bei Schnee

Den Weg weisen
darf Lenin noch
granitrot gegenüber dem Theater
alte Banner nirgends mehr
Puschkin residiert
näher beim Publikum
aus Jewtuschenkos Gedichtband
die Universität ist aufzufinden
auch hier die Säulen weiß
im Ausstellungssaal
modelliertes Messing
die Weltzeituhr vom Berliner Alex
Parteigeschenk
„Roter Osten"
heißt jetzt eine Biersorte

Kirchen, viele
bunte Einkaufsmeile
mit islamisch bezifferter Standuhr
Wohnblöcke einer Millionenstadt
dazwischen starren noch Straßenzüge
wie nach Kriegswirren
schräg hinüber
Reichtumsbauten ohne Makel
Wolgawasser teilt die Stadt
getrübter Badespaß
Züge von überall her
auch Passagierschiffe
Richtung Moskau und Kaspisches Meer
gelandet ein Ufohaus
darin Zirkusattraktionen
500 Kilometer ostwärts
beginnt Sibirien

Ohne Namen

Der Herbst zieht durch die Lichter
wir selber sind uns nicht gewogen
die Spuren werden grell und schlichter
das Erdenrund bleibt uns entzogen

Spiegel zeigen längst vergangene Zeiten
die Wasser sind nicht unsere mehr
Triumphe verlieren sich in Weiten
Orte verlanden, bleiben nichts als leer

So sind die Tage noch ein Warten
heiter ringen wir um Nebensiege
die neuen Zeiten reißen ihre Scharten
Eden liegt noch immer an der Wiege

Bewährte Behausungen

Rennt nicht ins Blaue
brecht ab das Beliebige
beklagt nicht
den immerwährenden Bann
bewegt euch weg
von falschen Bekenntnissen
beharrt nicht
auf eingeschliffenen Bewertungen
beachtet den Weg
jenseits planbarer Bauwerke
begleite dich selbst hinaus
aus dem Behalten

Schnell und Schneller

*Zu dem Musikstück „Tanzende Flocken"
von Claude Debussy*

Tanz und Spiel
auf Klaviertasten
mit den Fingern
im Flockenwirbel
Flur und Städte
in Pünktchen
frostkristallen
unterschiedslos weiß
zwischen Wolken und Erde
hoch und tief
Spiel und Tanz

Flußdelta

Über unförmige Wasserrinnen
pfeilen Schwanenzüge
wie Herden ziehen
Wildgänse und Enten
zwischen Graureiherstelzen
grellroter Brandgansschnabel
im Okular
auf freigegebenem Flußgrund
Überbleibsel einer Raubtiermahlzeit
im Winter füllt sich das Delta
das Wasser erklimmt
die wenigen Pappeln und Weiden
Grasweiten mutieren
zum Fischdomizil

Entwebt

Sonnenblumenfeuer
verlandetes Gelb
entfernt nur Reste
von Steingebautem
umzingelt
von grünen Strömen
ungeordnet
wächst das Land
in sich über
kein Weg schneidet
das Irdische

Der Hausfreund

Nicht nur einen Kater haben wir
kürzlich gesellte sich ein neues Tier
dazu, ganz einfach so
schlappte Milch aus Katzens Napfe
klapperte mit ihm ganz froh
des letzten Tropfens wegen
schnief, schnief

Nachts stolpert es sich über Katzenkörper
zwar überraschend, aber doch eher weich
allerdings bei Igelstacheleien – ganz ehrlich:
Wer würde da nicht bleich!

Herbst am Werbellinsee

Staub auf Steinen
glasklar bis auf den Grund
langhingestreckt
Buchen, Eichen, Erlen
Sonnenreste an Ufern
nur noch an Stegen Segelboote
Knotenbinden wollte gelernt sein
Halstücher rot und blau
einst Ferienrepublik
Pionierzeiten längst
geschichtsbuchgebunden
weiße Hemden mit Emblem
schmales Asphaltband
stracks über Hügelketten
Schorfheide

Verfugter Feldstein
Askanierturm
robust doch unscheinbar
das Wasser im Kanal
jadegrün, dunkel, düster
blätterbundbepunktet
Brücke für Fußgänger
entfernt ein Wildpark
steppenfarben, die Mähne stattlich
asiatische Pferde
Elche, Wölfe, Wollschweine,
Kinderaugen staunen
mitten unter heimischen Ziegen
Weiten, Zäune, Greifvögel
Schloß Hubertusstock
bewirtet keinen Staatsgast mehr
gebratene Enten mit Rotkohl
gepflegte Bauhausquartiere
Honecker schon lange tot
wer jagt jetzt nach Hirschen
hier oder anderswo?

Meinungsfreiheit

Zu keiner Zeit
paßte den Herrschaften
wie lange wird man
noch sagen dürfen?
wer wird offen oder verdeckt?
es wird geschehen sein
sie dachten Geldgier
wäre wirklich demokratisch

Frei ist nur die Sucht
sich das Terrain zurückzuholen
die Speicher zu füllen
andere Meinungen stören nur
sie hatten das einfach
prinzipiell falsch verstanden
schon immer wollten wir nur
eine bestimmte Meinung
frei geben

Sind wir nicht vorgewarnt?
man stellt sich das besser
nicht so genau vor
sind wir nicht doch sicher?
immer diese vielen Grautöne
wozu überhaupt etwas zensieren
sagen wir überhaupt etwas
was sich noch lohnte
verboten zu werden?

Vom politischen Gedicht

Da dringt etwas ein
wandelt längst Gesichtetes
ganz unten beginnt es
in Menschenbahnen
es härtet keinen Stahl
öffnet auch keine Märkte
für Ohnmacht
schafft nicht mal Vorräte
für immer schon
Bescheidgewußtes

Es denkt sich weiter
bewegt von innen heraus
alles nur gestützte Worte
Strickwerk zwischen Verstandenem
verbunden mit teils
unsichtbaren Küstenlinien
ein Aufbäumen, ein Widerstehen,
ein Zweifeln

Vier Achtel fundiertes Wissen
und ungebrochene Sicht
drei Achtel Intuition
und ein Achtel politische Leidenschaft
so ungefähr
ließe es sich mischen
damit es nicht
unter Wert gehandelt
in artfremden Konjunkturen
falsch ausgespielt
dem Widersinn zum Opfer fällt

Unter anderem auch als Kommentar zu dem Gedicht
„Irgendwas machen" von Günter Grass

Deutschlandbesuch

Krieg treibt dieser Präsident
schlägt immer neue Wunden
in die Achsen dieser Welt
als ob aus Feindschaft
Gold sich spinnen ließe
grausame Blutopfer und Folter
leichtfertig in Kauf genommen
so läßt sich
Länderfreundschaft nicht vermitteln
wo im Hinterland
Abscheu gedeiht

Zugeschweißte Gullydeckel
und abmontierte Papierkörbe
George Bush besucht eine Sperrzone
abgeschirmt vom deutschen Volk
zieht Witz und Spott auf sich
und will uns imponieren
käme es darauf an
würde er vermutlich gar
an der Fünf-Prozent-Hürde scheitern
ausgespielt

Alle warten auf seinen Abtritt
und niemand glaubt ihm
das er nicht bei passender Gelegenheit
mit neuen Lügen aufgetürmt
die nächsten Kriege
vom Zaun bricht
so wird man kein „Berliner"
auch „Mainzer" nicht
so leidet man nur
an Terrorphobie
auf das ihm niemand in Blei gießt
die eigene Meinung

Blaues Wüstenauge

Salzschleier ziehen hinweg
über die Ebenen, die Menschen
dein Blick erloschen
Kamele rupfen karges Grün
auf einstigem Seegrund
wo schwammen deine Fische hin?
großer blauer Aral
die Aile beherrscht der Sand
ihre Zeichen ritzt frische Armut
in unförmigen Auswüchsen
Meter um Meter
sank die Hoffnung
rostige Fischtrawler
ankern auf vergessenem Posten
ein Abschied für immer
und es flohen
immer mehr packten ihre Habe
und niemand atmet mehr
frühere Kurluft
verwaiste Kinderferienlager

Einst hatte ich noch
deinen letzten Blick erhascht
auf meiner weiten Reise
gen Buchara und Samarkand
selbst die Wölfe
darben unter der kurzen Ernte
tumben Fortschritts
Baumwollkleider trockneten
Augen, Tränen, Flüsse
spalteten auf die Kettenglieder
von Generationen
Bauernhände ruhen
auf unfruchtbarer Erde
Fischer bleiben ohne Ufer
niemand kann gesunden
nur die Klage überdauert

New Orleans

Das Auge
riesiger Wirbel
Hurrikane vervielfacht an Kraft
aus dem Irrlauf
unserer Megamaschine
immer öfter treffen sie ein
mächtiger, zerstörerischer
geboren aus Meereswärme
und vielen Unbekannten

Häuser zerdrückt, zersplittert
Krokodilleichen angeschwemmt
mit den gebrochenen Dämmen
offenbart sich Amerikas Armut
und krimineller Bodensatz
Notlager für Gestrandete
die Hautfarbe ist braun
viele Tage verschleppt
wird die nötige Hilfe

Es steigt
Zentimeter um Zentimeter
bedenkt die Jahre
sie kommen und gehen
kein höher errichteter Schutz
wird aufhalten
überläßt sie den Sümpfen
abgelaufen ist ihre Zeit
früher oder später
schlingen erneut die Fluten
von allen Seiten
gebt auf die Stadt
unter den Wassern!

Weltallferne

Roter Sandplanet
sie landen immer wieder
Gespenster tanzen entbunden
grün sprießt bis jetzt
nur die Phantasie
noch explodieren Raumfähren
schon wird erdacht
dem fernen Mars
neue Gase zu verordnen
Riesenschritte ungelenk
wie geschaffen
über alles hinwegzustürzen
wo wir gerade
unsere eigene Atmosphäre
zugrunde experimentieren
und doch Gedankenzüge
die in viel späteren Zeitaltern
noch fruchtbringend
angelegt sein könnten
blieben mehr
als ausgeglühte Reste
trotzdem gezeichnet
von waghalsigen Gestirnen
auf das uns über Äonen
aus dem All
keine Geisterflieger
treffen

Optische Täuschung

Vorn steht das Meer auf
graublau wie eine Wand
dort am Ende der Straße
Sandgrund kommt einem in den Sinn
der sich ausbreitet
Fische entlang versunkener Häuserzeilen
Algenzier als Strafmaß
für ungehemmtes Blaumachen
wenn es ums Ganze geht
Stein um Stein
wird ausgebrochen
noch ist die Wasserwand ganz flach
täuscht nur die Augen

Die Holzmafia und andere Zugriffe

Uns gehören die Bäume
jeder andere ist auf dem Holzweg
wer sich in den Weg stellt
wird aus dem Weg geräumt
Autos mit präparierter Bremse
und tödliche Eingriffe mehr
alles im Handumdrehen
Pech gehabt!

Zerlegt wird jedes Inventar
vom Regenwald
was Dollarnoten bringt
Viehweiden, Sojafelder endlos
für die Mägen
der reicheren Erdenbürger

Brandstiftung
die Satelliten zeigen es täglich
vielleicht ein geräucherter
Elefantenschinken gefällig
eine blutige Gorillahand
oder ein anmutiger Papagei?

Die Armut zieht nach
für eine kurze Zeit der Ernte
Rauch und rötlicher Sand
Wüsteneien
wie wenn Plagen weiterziehen
auf Straßen
die immer tiefer
ins Lungengrün greifen

Vielgestaltiges Reich
von Tieren und Pflanzen
hier gründet seine reichste Heimstatt
und Art für Art entschwindet
so schnell
wie niemand zählen kann
gelöscht von Menschenhand
seinen maroden Systemen
auf nimmer Wiedersehen
hunderte täglich
Evolutionskatastrophe
Nummer sechs

Vorbote

Eben war alles noch ganz still
dann kam er ganz plötzlich
von einer Minute
auf die andere
wie eine Druckwelle

Nie peitschte Nachbars Tannen
etwas Derartiges
ein Ungetüm ergriff die Luft
die Nachrichtensprecherin
warnte die ersten schon zu spät
vor seinem Eintreffen
einige Kinder hatte es
tödlich getroffen

Am nächsten Tag in Berlin:
ein Schlachtfeld aus Holz
Dauereinsatz für Motorsägen
Mistelkugeln als Wegelagerer
ausgerissen aus luftiger Höhe
die U-Bahnlinie übertage
baumblockiert

Wird das eine
der vielen Vorwarnungen gewesen sein
schnell vergessen von vielen
oder ein Extrem
wie es immer mal wieder vorkommt
ziemlich unwahrscheinlich
als regelmäßiger Dauergast?

Werden sie erklären
alles sei im normalen Bereich
wenn längst die Anhaltspunkte
zu häufig geworden sind
wenn Spezialisten für's Gesundbeten
Unbedenklichkeit bescheinigen
damit alles weiter läuft
wenn das die Anfänge waren
wie werden dann die Enden aussehen?

Wie sicher muß man heute
ein Dach bauen
und wird Gebälk und stabiler Stein
alsbald schon aufgerüstet
damit alles standhält
dem gezinkten Wetter
den selbstgebrauten Schlägen?

24

Kehrt der Mensch zurück
in die Höhlen und Schutzecken
die ihn einst bargen
rücken ihn
seine mißglückten Errungenschaften
in zivilisatorische Steinbrüche?
eine Meisterleistung
von kaum 200 Jahren
im Reichtum gefertigt das Elend
gekommen von Griffen
nach Insignien und Rekorden
von der Reise nach Nimmersatt

Schneepfade

Blätter aus Eis
sie rühren an die offenen Weiten
Schneegestöber
Orte des Gehens
Geflechte aus falschen Maßen
Zeitfelder in Beton gegossen
Faulgeruch und Siegesfanfaren
das Wollen abgekoppelt vom Müssen
Warten und Ändern
in brüchigen Fügungen
grau wie Menschenwinter
angekommen
zwischen Lichtzeichen
kein Jahr beginnt mehr

Selbstabfrage

Wie will ich noch steuern
die restlichen Jahre?
wer hat die Leuchttürme abgeschaltet?
irgend etwas sucht noch
nach deinen Händen
umschifft sein
wollen die Riffe
noch glüht etwas nach
um was aber geht es noch?
einfach wieder zupacken
aber die Zweifel
richten es sich gemütlich ein

Das revolutionäre Element
taucht schon immer wieder auf
ist einfach nicht auszutreten
aber viel Trauer
bahnt sich den Weg
kaum etwas vermag
ich zu retten
vor den schwarzen Zeiten
und dann noch stellt Arbeit
in abschüssigen Bahnen
Fallen für den Geist

Was wird

Türen schließen sich
aufgerissen werden neue Räume
Brücken sinken hinab
Ungeahntes legt sich frei
selbst Altbekanntes
was als erledigt galt
Öffnen und Schließen
ein eiskalter Hauch
ist jetzt immer dabei
es kehrt nichts zurück
viel Gewonnenes zerrinnt
Brandmale geraten in Sichtweite
noch kann man
nicht viel entdecken
doch alles deutet an
Schiffbruch ist wahrscheinlich

Erosion

Blaue Massive
tiefschwarz der Untergrund
Schnäppchenpreise
auf Werbepapier offeriert
geplündert dort
wo die Menschen
in die Arme
von Gußblei und Griffen geraten
ausgezehrte Flöze
sie lungern an den Arbeitsstätten
Firmen sind sie
wie Fallgruben

So liegt die Armut
in unseren Wohnungen
hoch tributpflichtig bei denen
die ohnehin schon zuviel
eingestrichen haben
die Letzten arbeiten für uns
dahinter stehen Familien
denen wir karges Land streitig machen
abziehen immer mehr
von ihrem eigentlichen Lohn
wir Diebe
die ihre Untaten
nicht mal mehr bemerken

Grüne Brücken
sind nicht strafbar
im falschen Leben
dachten die Unwissenden
doch ihren Preis forderten
die Minenkrater immer

Ein neues System

Noch einmal Sehen lernen
erneut von vorn beginnen
ihren Lauf bereiten
sie ganz still
spät schlagen Türme Alarm
es gibt kaum etwas zu verlieren
das nicht schon verloren ist

Ein anderes System
kein Börsentor, kein roter Stern
ein gänzlich neues Fundament
von Geist und Revolution
hinaus aus all den Pfaden
die nur bestätigen können
der Untergang ist nicht aufzuhalten

Die künftigen Sphären
nicht nur erahnen
stellen wir die Weichen
zwischen allem Scheitern
das uns ohnehin droht
nichts ist so fest
das jede Hoffnung fehlgehen muß

Es ist uns aufgetragen
etwas zu bewahren
von der Freiheit
die uns zerrinnt
Abschied nehmen
von den vielen süßen Giften
dem Unersättlichen
wir sind gemeint

Eine neue Kultur zeugen
nicht blau in den Himmel gestellt
ein Aufstand gegen das Sterben
Quellen aus anderem Horizont
ein Haus in dem sich wohnen läßt
offen und warm

Deutungsfalle

Es steht steingemeißelt:
„Wir starben für Euch"
entlang am liegenden toten Soldaten

Kann das wirklich
jemand geglaubt haben?
stirbt es sich so nicht nur
für Hitler, Vaterland und Volksgemeinschaft?
wäre der Schreiber
für die anderen gestorben
oder du oder du?
stirbt nicht jeder für sich allein?

Der Spruch klingt so
als ob noch irgendwer
etwas zu verteidigen hätte

In der Sowjetunion, Frankreich
und anderswo war das damals
unvermeidlich nötig
aber wer war eigentlich 1939
in Deutschland einmarschiert?

Sind sie nun für uns gestorben
oder doch eher gegen uns gestorben
und wie wären wir gestorben
hätte man uns
in diesen Wahnkrieg geschickt
gewollt oder ungewollt?

Kann man nicht ganz bescheiden
um den Mann, Freund
oder den Verwandten trauern
und um Verzeihung bitten
für von ihnen begangenes Unrecht
gegenüber anderen Völkern?

Sollte man nicht fahnden
nach den Deutungsfallen
überall in Westdeutschland
wo Denkmäler und Inschriften
noch braune Haken haben
und mitunter kaum verborgen
vom alten Ungeist zeugen
ist es nicht hohe Zeit zur Korrektur?

Inschrift auf dem Soldatenfriedhof Lauenburg

Verzögerte Einsicht

Wir wollten das nicht
es läuft nicht so
wie wir es dachten
zu spät wurde uns klar
ganz anders ist es
miteinander verbunden
nur einige Tatsachen
erkannten wir

Die ungehörten Teile
stießen uns
erst nach und nach auf
als es nicht mehr
zu stoppen war
Betrug und Selbstbetrug
sich so aufgeschaukelt hatten
und wir völlig
in Schuld verstrickt
nichts mehr retten konnten

Schwarze Ampel

Wo liegt Jamaika?
Zirkus Politikus
die sind schon ganz heiter
Planung Maximus
Musik, Strand und Sonne
Schwarz, Gelb und Grün
wird superschnell abblüh'n
Flaggenzauber
mit der fragilen Umweltpartei
ist es dann endgültig vorbei
Grabgesänge
belaßt den extrem Neoliberalen
ihre koalitionären Qualen
sie haben es verdient
versprecht nicht grünen Klee
Urlaub in der Südsee

Gedanken zu den medialen Koalitionsspekulationen
nach der Bundestagswahl 2005

Etwas ratlos

Nicht wirklich abgeführt
nur begleitet und eingekreist
schwenkend ein rosa Portemonnaie
lange schwarze Haare
junges Gesicht aus Südamerika vielleicht
hinauf die Treppen
aus dem U-Bahn-Schacht
wurde sie hier nicht geduldet?

Leben kurz vorm
deutschen Abschiebeknast
Fangespiel, Reiseernst
Straßen aus Blei
heimatlos in der Heimat
lose Steine
verschüttet

Ganz falsch – klärt mich jemand auf
ich hatte mich verraten
düster, ratloser Blick hinterher
nein, nein sie saß am Rand
wollte springen
gut, daß ich nicht U-Bahnfahrer bin

Wie verlief deine Fahrt?
zwischen welche Räder
bist du geraten?
habe nur dein Gesicht gesehen
unergründlich alles andere

Wie oft überall
würde ich jemanden
auf einen Tee einladen
ihn einfach umarmen
als Bruder oder Schwester
wenn sie begegnen
den Fallen
von dieser Welt
und Spiegelschriften

Von gescheiterten Wegen
und weiteren nur bedingt
sozialistischen Unbeweglichkeiten

Im Nirgendwo
von übergetretenen Funktionären
parlamentarische Löslichkeiten
an all den gewissen Stellen
andere befinden sie
schon immer für passend
und leben von diesen
Wegsamkeiten
etliche Angekommene
holen nach

Reformverlinkt
entpuppt der neue Anlauf
die bekannten Gefängniszellen
nur in entsperrten Ordnungen
so läßt sich festhalten
und weiterfristen
für eine kurze Brotzeit
aber nichts mehr gewinnt Kontur
was morgen Botschaft
weisen könnte

Selbst was sich bewegt
ist festgefahren
ausgebrannt für das
gewöhnliche Strickwerk von Macht
jene toten Plätze
die nur Rückwärtsgänge
zu kennen scheinen
oder bestenfalls andeuten
was sie nicht tiefer wissen

Die alte SED
erlaubt sich vorzukommen
mit Spuren
in vielen anderen Parteien
verwandte Markenzeichen
und auch die Nachfolger
nahmen Anleihen
die nicht direkt
zu beziehen sind

Es tauchte gerade dort auf
wo man mit dem Gestrauchelten
nur noch bedingt
zu tun haben wollte
und beim Einpassen
in das veränderte Gelände
erhebliche Erfolge erzielte
so wird man Teil des Stroms
der keine Mündung finden kann

Besitzen alle „besseren" Parteien
vorbestimmte Verfallsdaten?
ist das schon von Grund auf
Gescheitertsein
unvermeidlich eintretende Abwege?
wieweit lohnt der Einsatz
abzuringen kleinste Korrekturen
oder woher Einfluß nehmen
damit nicht immer mehr zerbricht
und nur noch Scherben bleiben
die über alles richten?

Abgegrünt

Kröten schlucken im Akkord
so war das nicht gedacht
die Gründer hatten anderes im Sinn
als diesen koalitionären Sport
ihnen schien ein wirklicher Gewinn
würde ökologisch umgelenkt
so war das eigentlich doch gemeint
nicht das man sich unentwegt verrenkt
Sonnenblumen fleddert

Die maroden Atomkraftwerke
erhielten Scheine von Persil
aussteigen kann man auch 20 Jahre später
zu Recht beschimpfte man die Grünen als Verräter
für Bombenhagel machten sie mobil
Menschenrechte bog man sich zurecht
nach zweierlei getrenntem Maß
soziale Balance – wozu ist das denn nötig?
Hartz IV macht Grünologen richtig Spaß

Man treibt die Fehler immer tiefer
die bitteren Pillen – sie sind ganz süß
das Parteihaus sackt – steht immer schiefer
doch überall gibt es auch gute Geister
ein Wandel stünde gründlich an
weg von engen Regierungsfluren
sorgt endlich doch dafür
das ökologisch umgekrempelt wird
bringt Zeitalter und System auf Touren
es steht noch aus – die eigentliche Kür!

Atomgedanken zur Wahl

(Herbst 2005)

Da ist sie wieder
die christlich-demokratische Versuchung
wahlpünktlich
umtriebig wie immer
die Freunde atomarer Spalterei
tritt die rot-grüne Ausstiegsfarce
den Gang
in die Rolle rückwärts an?

Für alle Parteiführer
sollte man schon mal
den Ernstfall proben
erst wird eine Grube ausgebaggert
dann das eigene Haus abgespritzt
anschließend schieben Bulldozer
Haus und Inventar
ins Loch
Erde drüber

Laßt Siemens und Frameatome
an die Regierung
dann bauen sie uns
fünf bis sechs neue AKWs
vielleicht auch noch mehr
rechnet sich zwar nicht
aber mit üppiger Nachhilfe
aus der Steuerkasse
geht alles

Sie sponsern für willige Kanzlerinnen
bestimmt eine neue Luxusvilla
wenn etwas schief geht
für das Fußvolk reichen Notaufnahmen
ebenfalls erheblich verstrahlt
Tschernobyl buchstabiert sich
auf deutsch nicht viel anders

Redaktionsdurchsuchung

Ist es etwa wieder soweit?
schon abgeschafft?
klopf, klopf
die Polizei ist top bereit
Disketten werden zusammengerafft
Computer eingesackt
für die Richter
ist das alles kein Problem
Redaktionsgeheimnis
was is'n das?
ihr macht Spaß
Grundgesetz
das ist doch nur noch Hülle
wir packen zu
heute bei der Anti-Atom-Zeitung
ganz schnell
und morgen ziehen wir
den anderen eins über's Fell
schönen guten Tag!
Eure West-Stasi

Rettung auf einer Insel

Bis kurz
unter Kokosnüssen
Spuren
vom Griff der Erdenkräfte
die Ahnen im Stamm
hatten zwischen Mund,
Ohren und Generationen
immer weiter erzählt
erst eine große Welle
dann zieht sich das Meer zurück
der Rat eines alten Mannes
wird befolgt
alle Dorfbewohner fliehen
höheres Land
Wasserfronten zerreißen dann nur
die Holzhäuser auf Stelzen
Hab und Gut zerschlissen
alle leben
von Überliefertem

Anzeichen und Wasserfragen

Rund achtzig Meter höher
läge der Meeresspiegel
würden die Eispole schmelzen
vor der Flutwelle in Südostasien
flohen rechtzeitig oft nur die Tiere
wissen wir wie tief die Wassermassen
in Europa eindringen würden?
die Elefanten registrierten schneller
als die tödlich überraschten Menschen
könnten riesige grönländische Eisquader
ins Meer stoßen?

Methaneis führte vermutlich
schon früher zu Katastrophen
in einem späteren Jahrtausend könnte
Dresden Hafenstadt geworden sein
unsere Handelsströme
markiert als Altlasten
werden wir das Verhalten
der Eisbären und Pinguine beachten?
100 Millionen Jahre
brauchte die Evolution
um sich zu erholen
das meiste Leben starb
im Zeitalter des Perm aus

Die eisfreie Antarktis
kommt nicht gleich morgen
Seebeben sind schwer
genau vorauszusagen
tauende Abbrüche registriert man
schon seit Jahren
je schneller die Bevölkerung wächst
um so mehr Tier- und Pflanzenarten
entschwinden uns für immer
Deutschland spendet Warnsysteme
für die Tsunami-Vorhersage
Menschen haben dicke Häute
mitunter können sie auch
das Nötige wissen

130 Meter tiefer
brandete der Meeresspiegel
in der letzten Eiszeit
der Doppelkontinent
erwandert von Sibirien aus
auf dem Landweg
die Treibsätze der heutigen Spätzivilisation
kann niemand wirklich hochrechnen
die Fischerorte von damals
ausgelöscht vom Ozean
Mammuts ausgestorben
alles ist schwankend
währt nicht ewig
wie es unveränderlich schien
für einen kurzen Moment

Frühkapitalismus

Als Dampf
Eisenbahn und Industrie begannen
über die Menschen hinwegzupflügen
die Flüsse erblindeten
Ungeziefer, Krankheit und Kindertod
in ihren Kreuzzügen
durch die Städte
Sieg um Sieg errangen
Unrat die Marken
einer ganzen Epoche zeichnete
der Hunger die Straßen
und Wohnlöcher umklammerte
da begann die neue Geldgierordnung
sich erst richtig prächtig zu entfalten
aus den Händen und Knochen
von Mutter, Vater und Kind
zu zehren

Wollen jetzt neue verwandelte Ausläufer
aus diesen früheren Zeiten
erneut Tritt fassen?
nicht nur da wo die Welt
am Hungerabgrund steht
der soziale Rückbau schwindelnd macht
Haut gegerbt wird
für die Tresore weniger
Zinsen abgepreßt für Metropolen
bricht vielerorts der Wohlstand weg
weil die alte Geldgierordnung
globalisiert erneut irrlichtert
mit stahlblauen Klauen
ohne machtvollen Widerpart?

Das Goldelysium
kreist um schmale Eliten
Machtzirkel steuern mit Vollgas
ins Klimadesaster
vorher am Aktienmarkt
noch um den Kopf gekauft
vorsintflutlich, unreif
diese ganze Epoche
durchgefallen im Weltexamen
doch wen kümmert noch
der eine Schritt voraus
bei soviel Dekadenz?

Der Weggeordnete

Hier ein Sümmchen
dort ein Pöstchen
noch ein Sümmchen
richtig dicke Stapel
und dazu noch die Diäten
davon kann man super leben
wozu dann das Volk vertreten?
Banken, Konzerne, Lobbyisten
sind doch lukrative Kunden!

Wenn wir was entscheiden sollen
mag uns doch das Volk bestechen
uns Vertreter ordentlich bezahlen
was den kleinen Bürgern lohnt
nichts mehr gilt doch nach den Wahlen
jeder darf sich jetzt entbinden
von überflüssigem Verfassungskram

Hartz IX

Der Blockwart zieht ins Arbeitsamt
ausgeschnüffelt wird jetzt alles
bist du nicht zur Arbeit willig
kehrst die Straße
frißt den Dreck
dann wird nicht das Geld gestrichen
sondern ab geht es ins Arbeitslager
gleich drei Monate
Stacheldraht so außen rum

Hast du den Trauring
vergessen anzugeben
und findet ein IM das gute Stück
zahlst du Strafe ohne Ende
für dein trautes Glück
nein, eine eigne Wohnung
darfst du nicht mehr haben
ab mit dir ins Obdachlosenheim!

Hast du ein paar Euro
grad genug das Essen zu bezahlen
mühsam dem Arbeitsamt entrungen
und wird dir endlich
ein Job als Sklave angeboten
jeden Cent den du erhalten
zahlst du zurück an Vater Staat

Kommen wir auf Hartz IV zu sprechen
das war der Vorläufer von dem Gesetz
Sozialdemokraten taten die Verfassung brechen
ihr glaubt das nicht?
dann lest es nach!

Grundgesetz Artikel 12, Absatz 1:
„Alle Deutschen haben das Recht,
Beruf, Arbeitsplatz und Ausbildungsstätte frei zu wählen."
bereits unter Hartz IV alles Makulatur
Empfehlung an die Abgeordneten des Bundestages
schreibt wahrheitsgemäß noch einen Satz dazu:
„Arbeitslose sind Freiwild
und besitzen keine Grundrechte mehr."
So könnte man das doch ergänzen!

Spottverse auf den verresteten Westen

Da verkünden sie uns:
wir leben in einer Demokratie
in einem Rechtsstaat noch dazu
blitzblank und schön verchromt
das klingt so
als hätte hierzulande
der Sozialismus
in den Farben der BRD
seine höchste Blütezeit erreicht
Sahnehäubchen oben drauf

Macht euch doch nicht
zum Gespött
und lügt euch die Verhältnisse zurecht
die ihr gern hättet
einigen wir uns doch
auf eine parlamentarisch verfaßte
Finanzherrschaft
so eine Art Republik
der Bonzen, Banken und Betrüger
das kommt der Wahrheit schon
beträchtlich näher
klingt vielleicht nicht mehr so nobel

Spielverderber nennt ihr mich
gewiß in der Lücke
von Unrecht zu Unrecht
existiert der voll entwickelte Rechtsstaat
zuweilen üppiger als anderswo
es gibt auch aufrechte Leute
und unsre Politschniks lassen
das Volk quasseln was es will
wenn sie nur das Sagen haben
ansonsten wird umgesetzt
was sich die Bankentürme
zufunken oder sonstwie
Macht ausübt

Selbstzerstörung
als höchstes Stadium des
Kapitalismus
trotzdem immer schön zugreifen
noch gibt es die Fleischtöpfe
dann kommt einigermaßen
gesetzmäßig der Übergang
ihr wißt nicht wohin?
nein das mit der Offenbarung
in der Bibel stimmt nicht
ihr findet das Zeichen
nicht auf der Stirn

Es geht mit Volldampf ins Nirvana
rein heidnisch, nicht buddhistisch
vielleicht auch das nicht
die Nekrophilie bläst zum Finale
Rückfall in die Diktatur
der Klassengesellschaft
nur völlig extrem diesmal
mit neuen Spezialeffekten
besser als früher
bestimmt

Nur Wüsten bleiben
von dieser mißratenen Ordnung
hier und da finden Archäologen
vielleicht noch ein paar Steinhaufen
hoch sollen sie leben!
volle Kanzlerkraft voraus
die Parteien trotten drein
sie sind schlecht ausgebildet
als Leichenträger – zu dumm
jetzt testen sie den Sargdeckel
von unten zuzuklappen
ihnen paßt das Klima
plötzlich nicht mehr
total zu heiß?

Natürlich brauchen
wir Recht und Demokratie
aber ohne feudale Rückstände
und Absud
der von Aktienmärkten herrührt
Seilschaften, Spekulation
Selbstvergötzung, Mammon
all das zieht uns schon
ins kommende Zeitalter
eine Kathedrale
aus Niederung und Rückfall
die Endzeit dämmert auf
eine Endlosschleife
dazwischen Abbrüche
das führt immer tiefer
schwarzer Humor lästert ihr?
nein – die Barbarei wird echt

Republik der Falschspieler

Das Volk ist Ballast
jetzt schließen sie die Schotten
ihre Regie wird durchgezogen
die Niederen dürfen
arbeiten ohne Unterlaß
menschliches Maschinenwerk
abgeschnitten
die Eliten greifen ab
mitgenommen wird jetzt alles
sie bauen ihre eigene Republik
verfaßt jenseits von Verfassung
ein eigener Hofstaat
mit medialer Eskorte
moderne Aristokratie
ihr höchster Leitstern
die blanke Gier

Wahlen bemänteln noch
sie brauchen keine Wahl mehr
vergeblich die Rufe
nach Maß und Verhältnis
sie sind im Rausch
und nicht zu stoppen

Ein deutscher Solon
müßte Kanzler werden
soziale Demokratie
höchsten Stellenwert gewinnen
denn wenn es ökologisch kracht
und abwärts geht
unterm Staatsgebälk
alles wegsinkt
bleibt nichts
vom faulen, teuren Wohlstand
jedoch extreme Ungleichheit
gerinnt als System
auf unterstem Niveau
Zündpulver für alles Mögliche
viele Städte heißen nicht Weimar

Solon war athenischer Staatsmann (640 – 561 v.u.Z.). Er begrenzte die Adelsrechte, strich die Schulden der Bauern und verbot die Schuldsklaverei.

Der Ein-Euro-Job

Die Reformpeitsche
geschwungen wird sie
mit dir reden sie erst gar nicht
du hast einfach da zu sein
martialisch fordert der Brief
alles weil einige
ganz groß rauskommen wollten
unter der Reichstagskuppel

Ersetzt wird jetzt der reguläre Job
Rasen mähen, Schnee fegen
oder Straßen säubern
und noch viel mehr
das kann man jetzt ganz billig haben
Zwangsarbeit ist deutsche Tugend
unter braunen Verhältnissen
schon ganz im Extrem erprobt
diesmal nur die Mission „flinke Bienen"
wozu Arbeitsplätze schaffen
wenn man das Volk
anders viel besser knechten kann?

Mancher sehnt sich nach dem Billigjob
weil dieser Staat ihm
keine andere Chance läßt
mit ein paar Euro mehr
die Familienkasse im Lot zu halten
und auch dies noch besser
als in Polen, Rußland und anderswo

Vorschlag für die Zukunft:
wandelt doch Schritt für Schritt
alle Arbeitsverhältnisse in Ein-Euro-Jobs um!
die Wirtschaft spart Kosten ohne Ende
und sind sie nicht willig
werden noch ein, zwei Drittel
zusätzlich an Lohn gespart
so kann man ganz leicht
ein paar Jahre später dann
die Sklaverei erneut einführen!

Es ist wieder die Zeit der Spechte
reichlich Nahrung hier in Deutschland
geradezu ein Paradies

Fortschreitende Stadien
des Zerfalls

Demokratie
Denokratie
Degeneratokratie
Deppdukratie
Kleptokratie
Klerikalokratie
Klippenkratie
Krisokratismus
Totalitarismus

Lenin pfeift im Wald

Kieferngrün umringt
geräumige Sandgruben
hier wurde einst geschossen
für militärische Medaillen
um drüben dem „Klassenfeind"
Bescheid zu sagen
und stand sich selbst im Weg

Lenin liegt jetzt hier
im kühlen Grab
hoch aufgeschüttet
aus Sand und Steinschutt
mehrfach neu bedeckt
Mauerspechte sollen
keine Souvenirs ergattern

Wenn der mal wieder aufsteht
radikal sich seine Fehler eingesteht
alles gründlich neu bedenkt
dann wird die Luft dünn
für parasitäre Oberschichten
in Deutschland und anderswo

Auch wird er künftig
einen anderen Namen tragen
und Kronstadt
einen Pfad uns weisen
dann jenseits von Gewalt
wie Gandhi meditieren

Vielerorts in der Sandgrube
wachsen junge Bäume
kaum kniehoch
es könnten
sehr viele Namen werden
die wieder anfangen zu kämpfen
gegen die organisierte
globale Raubzieherei
die immer mehr
abschnürt

Kurze Frostperiode

Erste Kufenkratzer
frische, klare Eisflächen
kristallgefrorene Zweige
ein breiter Graben
entlang von Erlenwäldern
schneelose Wiesenstücken
Schwarz im Dickicht
zuweilen laut grunzend
gehärteter Sumpfboden
Futtersuche erschwert
am Abend Schneetreiben
später Regen
erst wird es stumpf
Tage darauf
brüchig

Wege hinüber

Leichter Küstennebel
weite Wasserflächen
ein Fahrweg führt hinein
Gummistiefel zwecklos
Koppelzäune teilen
untergegangene Wiesenflächen
inmitten Wasservögel
hinter dem Deich
Ostsee bis nach Schweden
nur Fährlinien verbinden

Russisch-deutsche Liebe

Für eine erst halbwirkliche Liebe
Steine aus den eigenen Denkpfaden
rollen. Umarmungen
aus E-Mail-Wörtern. Küsse
auf Datenlinien. Mit
Sprachverwirrungen
intim werden. Und
ein langes Warten
auf die Reiseverbindung
für den Sommer

Bildgerahmt lächelst
du mich jeden Morgen
aus dem Bett. Über
welche Schwellen
werden wir
stolpern, gehen, grübeln?
lenkt die Hoffnung über
die Angst hinaus? In
offene Landschaft sich bewegen.
dich tragen, uns tragen
sich lieben, über alle
Barrieren hinüberlieben,
entfachen, begegnen, fabulieren
und keine Trenngleise
akzeptieren. Glück entern
zwischen Treibgut. Aneinander
wachsen

Warten und hoffen

Schmecken
zungenumwunden
zwei Hände auf dem Rücken
im Du und Du
Streicheleinheiten
aneinander drängen
erst mit Kleidung
später ohne
für ein paar Tage Liebesvorrat
verräterische Knutschflecke
später unsichtbare Male
Zungenfeuchte im Ohr
geschickte Nackenfinger

Es nicht ganz glauben
wenn es wirklich ist
träumen
es werde wieder sein
so als gäbe es
keine ewigen Monate
in denen wir warten müssen
sogleich liegen
in deinen langen Haaren
armverschlungen
schmecken

Entschwunden

Die Nacht
schlägt ihre Brücken
tief ins Ungewisse
zwischen Sternen, Menschen
und Hoffungen
hell entspannte Traumnetze
Liebende Rücken an Rücken
bis das Nachtlicht verglimmt
an der Morgensonne
die halbbewußten Spuren
treten sich aus
zwischen täglichem Weltlärm
die Mäntel sind angelegt

Ich darf nicht denken

Weites Land
das nach Weizen duftet
ich ahnte nicht
nie wieder werde ich
in deine Arme gleiten
deine Haut spüren
hast einfach so aufgegeben
mich und dich treiben lassen
Weizenwind
wohin soll ich loslassen?
gefangen von alten Träumen
heißer, langer Sommer
eine Kette aus Küssen
wollte ich dir
noch schenken
mein Atem hält an
knappe Luft
Feldrand

Ich glaube dir kein Wort!

Alles stehen und liegen lassen
sofort wollte ich kommen
dich entführen
einfach von der Straße weg
verführen wie in unserer Sommerzeit
dich verküssen, verhexen
uns mitnehmen
zu verschwiegenem See und Wald

Nachts Lagerfeuer entfacht
sogar Wein und Wodka
hätte ich für dich getrunken
dich sanft gefesselt an einem Baum
Textilien beschlagnahmt
nichts hätte ich dir belassen
ich schwöre!
nur ein Kleid
aus meinen Küssen

Stell dir vor
was ich mit dir sonst noch
angestellt hätte
und am nächsten Morgen
wäre ich aufgewacht
nichts von meinen süßen Sünden
hätte ich zugeben müssen
völlig das Unschuldslamm
markieren können

Schmunzele nicht so!
sonst komme ich noch
und wir brennen gemeinsam durch!
ich glaub dir kein Wort!
heimlich liebst du mich noch
widerstehst du mir wirklich
käme ich von so weit her
zu dir in dein Land?

Es ist schneller als ich

Von meinen Schuhen
fallen die Sohlen völlig ab
auf der Reise zu dir
wo war ich?
ich konnte mich
in deiner Stadt
nicht mehr orientieren
plötzlich ein fremder Ort
im Traum

Darin lief alles viel schneller ab
als ich begreifen konnte
die Vorahnung noch nicht übersetzt
in Echtzeit

Die drei Kirchen

In einer Kirche wurde gerade geheiratet
eine andere im verwahrlosten Zustand
leergeräumt, nur Schutt und Staub
wir betraten auch die mittlere Kirche
nicht Jesus Christus prangte
an den Wänden
sondern ganze Ahnengalerien
von Milizionären wurden gepriesen

Ein Blaubejackter, offizielle Polizeimontur
komplimentierte uns hinaus
hier betete man nicht zu Gott
weltliche Macht versammelte sich
hoher Zaun nur von vorn
sonst unscheinbar

Ich trug dich fort
über die Wiese
schnell durch das hohe Gras
nicht das uns ein nächster Blauer erwischt
und unbequeme Fragen stellt
immer weiter trage ich dich
nie mehr wollte ich dich herunterlassen
dir aber Kletten anheften
dich necken
nie mehr deinen Mund freigeben.

In die staubige Kirche
wollte ich nicht zurück
nein, das erste Mal im Leben wollte ich
ein weißes Kleid sehen
das mit dir und mir zu tun hat
der Brauch die Braut
über eine Brücke zu tragen
und auch den Baumstamm zu zersägen
und das Foto vor einem Denkmal
ich stellte es mir vor
wie es sein könnte bei uns
doch irgendwann fingst du an
mir deine Sorgen und Pläne zu verschweigen
immer mehr davon
konnte ich nicht wissen

Beisammen sein

Segeln über die Ozeane
Buchten wie Oasen
dein Kopf
in meinen Armen
später für Jahrhunderte flüstern
Anstupsen von Nase zu Nase
Unentdecktes an Land ziehen
Kußlinien

Orange Lichtringe
der Tag zieht sich zurück
überm Badewasser Düfte
aus Holz und Schilf die Hütten
Landkarten auf
deiner und meiner Haut
Kometen irgendwo im Dunkel
noch immer weiß ich
wie deine Augen blitzen

Mädchen in Blau

Hände gleiten
Körper winden
federleicht berührt Atem
Küsse tauschen
er schmiegt
sich an ihre Brüste
umstreicht
ihre Schenkel
was sie verzückt
weiß er genau
alles Hände
nur noch

Im Spiegel
bewundert sie
das neue blaue Kleid
sonst nichts

Meine Prinzessin

Es hat nicht sein sollen
gemeinsam mit uns
so sollte es aber auch nicht sein
Lebensabgründe, Enge, verlorener Mut
vom Wodka diktiert
die Liebe ausgespannt
enttäuscht, abgeschliffen
nach dem weißen Schleier
Versprechen windflüchtig
noch für die Tochter da sein
die Brust geben
dem nächsten Streit entfliehen
niemand steht so ewig
wie ein Baum
er hielt nicht
was ihr gewollt hattet
oben drauf
der Hohn noch dazu

Unsere vergangene Zeit
auch bei dir eingebrannt
du schreibst
wie auch ich sie nicht vergessen kann
immer wieder
dein Gesicht, deine Statur erblicke
laß uns sprinten wie junge Pferde
wir kommen schon
irgendwo an

Immer im Herbst

Stundenlanger Sammeleifer
körbeweise mit Kinderhänden
am Ende gar Säcke
wenn Eltern und andere zugriffen
die neue Blickwelt hieß:
richtige oder falsche Baumkronen

Kastanien 25 Pfennig das Kilo
Eicheln gar 40 Pfennig
nur langsam füllten sie Gefäße
gar nicht abgeben
wollte man die Schätze

Die Früchte geschüttet
auf riesige Haufen beim Förster
gewogen wurde
seltenes Taschengeld
aus der Kassette gereicht
der alte große Handwagen
in manchem Herbst
zweimal schwer beladen

Weißbärtiger

Bevor er eilt, der Robenmann
sodann verteilt die vielen Gaben
aus dem großen Jutesack
hat er sein gold'nes Buch vergessen
beim Treff mit den anderen Gemützten
sonst wurd's nie kontrolliert
ein Kollege borgt – hilft aus
so ist gerettet
der Einsatz für den Heiligabend
Fototermin für die Presse sogleich
hinter Kunstbart lächeln
und winken bitteschön
weiße Engelinnen noch dazu
später die Routen abgesprochen
und endlich kommt er dann
bei den Kindern wirklich an
hört ein Lied, Gedicht
läßt sich sagen
ob er kann wagen
hier erneut
Knecht Ruprecht spielen
im nächsten Jahr
so ganz in rot
manchmal wird noch
ein Erwachsener geläutert, weil er
beim Gedichtaufsagen meutert
Geschenke gibt's beim nächsten Mal
nur wenn der Text so richtig sitzt
spät abends dann, völlig k.o.
Tier und Schlitten lahm
und ab ins Bett
er schlummert froh

Felix

Geschecktes Fell
in den Händen
lang gestreckte Pfoten
überspannt
nach vorn und nach hinten
wenn die Schnurrphase
vorüber ist
beißgewohnt
aber nur leicht
bis zum Ziel

Am späten Abend tapst
jemand ans Fensterglas
schwups hinein
hinunter, hinauf
zum Fußende
ein Federbett ist kuschelweich
bis zur nächsten Jagdstunde
ruhen die Zähne

Verbotenes Postzeitungsvertriebsstück

Den „Sputnik" schossen sie einfach ab
diesem Spuk und Starrsinn
mußte endlich widersprochen werden
Schreibmaschinentext und Blaupapier
reichten für ein Votum
von Perestroika in der DDR
und Honecker gehört abgelöst

Ungenehme Journalartikel
störten die Obrigkeit
zielsicher reagierten sie
ob je schon mal Telefonzellen
so gut bewacht worden waren?
zwei Volkspolizisten schützten
ein angeklebtes Flugblatt

Am Handschuh blieb
nur Klebstoff haften
in Berlin am Alexanderplatz
hätten sie mich fast erwischt
aber Straßenbahn und U-Bahn
eigneten sich auch für Reformideen

Zitternde Knie
verlassen den Untergrund
nicht ganz ohne
war so ein Stück
genommene Freiheit
doch es gab auch noch andere
sowjetische Zeitungen zu lesen

Oranges Kiew

Mit einem Gesicht fing es an
entstellt wie die Machthaber
die auf den Widersacher
anschlagen ließen
Kerker und Traditionen
von weit her
sind da gekommen
gewählt werden sollte
wie früher Parteidirektiven
erlassen wurden
überall wollte man nachhelfen
das die Macht dort bleibt
wo sie hingehört
und nicht etwa das Volk
sich verzettelt
in der Ukraine

Frische Brise und Winterkälte
auf dem Majdan in Kiew
Juschtschenko redet
und doch steht alles
auf den althergebrachten Füßen
so sehr die Farben und die Menschen
für einen neuen Aufbruch streiten
auch blaue Zonen
kennt das Land
aber doch an den meisten Orten
steht Janukowitsch
für das alte Elend
damit bestehen bleiben
die ergaunerten Pfründe
und dafür, das verschwinden kann
der schreibt in Zeitungen
über Ungelegenheiten

Der Sturz war tief aus Sowjetzeiten
Erosion, tiefe unsoziale Schluchten
das goldene Zeitalter
der Stagnation zerronnen
der Markt diktiert
den Wert der Völker
viele kommen so
unter den Hammer
sinken tiefer und tiefer
wer will mit den
alten Fehlern richten
ohne die neuen zu benennen?

Ein wenig Ankunft in Europa
visafreies Reisen
nach Odessa und zur Krim
in Berlin muß
noch umgedacht werden
ob nicht der eigentliche Skandal
der Visapraxis darin besteht
welcher Aufwand für ein Visum
betrieben werden muß
und ob es nicht bürokratiefreier ginge
für zwei Wochen
nach Deutschland zu reisen
teuer genug für Löhne
die jedem Vergleich spotten

Wieviel blaue Adern durchziehen
noch das Orange
oder wechselt es die Farbe
und täuscht an vielen Enden
hinweg über das
was es wirklich kann?
die Wehrpflicht soll fallen
Soldaten aus dem Irak abgezogen
jedoch Tschernobylenergie will man
in neuen Werken zeugen
nicht verheerend tödlich genug
der erste Atomunfall?

Mitten im Winter
verfünffacht Zar Putin Gaspreise
russische Kredite bietet er
eine Henkersmahlzeit
für die einstige Sowjetrepublik
Politischeuropa fabuliert im
Bürokratenstil und guten Worten
ohnehin nur ein schwarzes Loch
ein Liedwettstreit
schafft kein Netz
für das Nötigste zum Leben
nur ein wenig Band und Wissen
zwischen den Menschen
und mehr sollte es werden

Wo du nichts siehst

Überall blind und grün
unsichtbare Flecken
die Zeiger schlagen aus
in den Wiesen und Wäldern
fixieren unerbittlich
Kartoffeln, Pilze, Milch
nichts bleibt verschont
umstellt sind selbst
die bescheidenen Wünsche

Noch immer leben zu viele
vom Land und Brot
jener unerreichten Tage
was übrig blieb
wird noch immer genommen
jedes Stück entrissen
die Opfer verdeckt
vertuscht und ausgelöscht

Wo sind die neuen Dörfer
von denen die Saat gedeihen darf?
alles ohne Zählerticken
verstümmelt viele
die man retten hätte können
mit freiem, neuem Grund
ein Aufbau, schwer gewiß
von überall wäre Hilfe nötig
Hände aus ganz Europa
gereicht ist nur ein Anfang

Die Armut zog ein
die Krankheiten gedeihen
in weiten Landstrichen
niemand mehr vermag
die geborstenen Teile
ineinander fügen:

Doch dort wo Ärzte helfen
und Menschen wieder
Heimstatt finden könnten
da muß endlich alles
getan werden
was zu tun möglich ist
und alles Schweigen umgebrochen
nicht nur in Tschernobyl-Rayonen
sondern überall
wo atomare Strahlung
täglich Leben spaltet

Stillhalten für feinmaschige Macht?

Gegengedicht zu „In Ohnmacht gefallen"
von Günter Grass

Verbrannt
wurde wirkliche Menschenhaut
Napalm nur als falscher Ratgeber
für Protestierhandwerk?
Splitterbomben oder Urangeschosse
kommen nicht aus freien Stücken
sie sind gebunden
an lange Hebel zum Täter
führen bis an Regierungstische
die auf Urnengängen fußen sollten
Zettel für Zettel
und Kreuz für Kreuz
müßte hier etwas
zu Buche schlagen
widerständiges Denken
und der Protestsong
gehören dazu

Trotzdem noch viel Spielraum
in Korridoren, Kungelrunden und Plenarsälen
die Waffenfabriken
bleiben völlig außen vor
feinmaschig bleibt das zu nennen
doch dem Volk großzügig
einzig Ohnmacht zu belassen
kann nur heißen
es sei nicht fähig zu denken
doch warum stürzten Regierungen
über kriegerische Kampfeslust
auch wenn all das
nicht reichen kann
und oft zu spät kommt

Volkswille führte auch
den Krieg schon im Anschlag
unter geübter Anleitung
versteht sich
sind wir am Vergessen
wie es sich anfühlt
im Keller geduckt
vor Einschlägen zu erzittern
brauchen wir neue Bombennächte
damit gelernt werden kann?

Warum nicht mit
armierten Versen
gezielt Einfluß stiften
und nicht in Zeilenschlaf verfallen
ganz friedlich die Täter decken
so nebenher
weil Protest nichts nützt
und sowieso
zu tumb daherkommt

Den zivilen Opfern

Mit Gegenkriegen helfen
Unrecht zu verbannen
bist du bereit
dafür zu sterben
stellvertretend
für den unvermeidlichen Soldatentod?
opfern sich
die beschließenden Politiker zuerst?

Wieviel Versagen ist summiert
bevor Vertreibung
Todschlag
Familien ausgeblutet
brandgeschanzt
überall Seelenödnis
das Land beherrscht?

Gepflanztes Gegenblut
wo beginnt der Vorkampf
früh vor allem Waffengang
und die Friedensbotschaft
in Fundamenten
ausgehoben und befestigt
kulturell
und in der Struktur
gesellschaftlich?

Wer stärkt den Frieden
bevor alles wieder zu spät ist?
wohin lenken Rüstungshaushalte
die wie prall gefüllte
Kriegskassen anmuten?
was treiben Eingreiftruppen
was vergreift sich da
und wo liegen die Gründe?

Wie lernen „Demokratien"
zuerst das friedliche Auskommen
zu fördern
nicht nur als Wunschdenken
auch mit gewinnendem Respekt
und Geld
das man bisher in Waffen
gut angelegt gesehen hat
dahin umzuschichten?

Aber daran denken
wenn es soweit gekommen ist
du könntest es sein
dessen Familie gelyncht wird
und welche Hilfe
wird dir dann
wirklich nutzen?

Nicht denen die
Konflikte schürten
noch das Markenzeichen
von Friedensengeln
in die Hände spielen
an denen noch
das Unrecht klebt

Nicht die einen Schurken
zugunsten der anderen Schurken
ins Unbeschriebene entlassen
was kann helfen
von Familie zu Familie
und nicht nur zwischen
Waffenstarre und Waffenstarre?
wie gelingt
ein Bündnis das nicht
in neue Bombennächte führt?

Ungeschminkt

Zu wenig Kinder kommen auf die Welt
deshalb gibt es jetzt Elterngeld
für arme Mütter im Monat 300 Euronen
für Kinder reicher Eltern bis 1800 – sehr gehoben

Das Beispiel zeigt ungeschminkt, ganz offen
geteilt wird in Klassen: unten und oben
auf Regierungen kann man nicht mehr hoffen
sie vertreten Reiche, Arme werden abgeschoben

Soziales klinkt man in Deutschland immer weiter aus
und wundert sich: Ein Gebärstreik kommt heraus
doch wozu brauchen wir Kinder in hoher Zahl?
vorm ökologischen Untergang ist das die falsche Wahl!

Prost!

Erhebt die Gläser
Reichtum trennt wieder
tischt auf die Gerichte
aller Knechte Länder
Soziales zieht uns
auf den Grund
es hindert uns
die eigenen Taschen vollzustopfen
wir kürzen ihnen das Geld
das immer weniger Wert hat
wir spielen Monopoly mit euch
Würfel bekommt ihr aber nicht
stoßen wir an
auf die nächste Steuerreform

Noch habt ihr Hartzgekürztes
wie dumm du mußtest umziehen
aber wir geben uns nie zufrieden
wir machen euch fertig
immer Stück um Stück
die Politik ist fest in unserem Griff
euer Einsatz verspielt
ach wie schade
tut uns aber leid
prost ihr armen Schweine!

Enden die Ressourcen
entgleitet das Land wüst
leergefegt die fruchtbaren Räume
kracht noch der letzte
soziale Rest zusammen
schwindet das moderne Rom
ganz unten wird es werden
purer Luxus existierte nur einst
dann seid ihr wie jene
die gestern verhungert sind
davongekommen
solang ihr noch lebt
wir haben eure
Straßen und Häuser verspielt
und gewonnen

Die neue Einheitspartei

Die neue SED
bricht sich in Deutschland
volle Bahn
verstellt als CDU und SPD
auch FDP und Grüne
machen gründlich mit
immer großzügiger
schleudern sie Konzernen und Reichen
Steuergeschenke und Privilegien hinterher

Arbeitssklaven wollen sie
rechtlos sollen wir sein
hörige Untertanen
Bettler in Arbeitsagenturen
eine Gebühr nach der anderen
wird drastisch angehoben
strangulieren macht frei
der Teuro zieht
das letzte Hemd noch aus
dem – der nur wenig hat

Höher und höher
peitschen sie Arbeitszeiten
zurück ins vergangene Jahrhundert
wie zu Kaisers Zeiten
davon träumen sie
das Rentenalter am besten angehoben
auf Sargreife bitteschön
gehst du zum Arzt
löhnst du jetzt hart
und härter wird es werden
stirb früh
dann werden sie dich loben
und du ruinierst deine Kinder nicht
wirst du ein Pflegefall

Der Stasi-Schnüffelstaat
erlebt eine neue Renaissance
jeder wird zum potentiellen Terroristen
von den Organen
durchgewühlt wird jedes Konto
jede Wohnung gerät ins Fadenkreuz
von Abhörspezialisten
wenn der dunkle Staat es will
jede E-Mail, jedes Telefonat
sie werden es kennen
niemand ist mehr sicher
vor den Schnüffelanten

Aber wehe
euch gleitet die Macht
aus euren Händen
wie einst den Parteibürokraten
in der späten DDR
dann jagt euch das Volk zum Teufel
als ganze Einheitspartei.

Hoffentlich wissen dann noch genug
der Aufstand muß sich richten
gegen all diese Kleptokraten
in Wirtschaft und Politik
und ihr ganzes marodes System
beseitigt für mehr Demokratie
mit sozial gerechtem Sinn
eine Ordnung für alle Menschen
die über Generationen trägt

Nicht immer mehr
können wir anhäufen
abgebrochen werden muß
das atemlose Rennen
das diese Gelddiktatur
in Gang hält
und jeden zwingt
um des täglich Brot willen
die ganze Zukunft zu verscherbeln
im Zug der Preisspiralen

Der Aufstand muß auch beginnen
gegen uns selbst
die tödlichen Annehmlichkeiten
damit Kinder
wieder Kinder sein dürfen
auch das vermutlich
nur noch ein Traum

Sind die Parteien
immer mehr Vertreter
einer kleinen Oberschicht
und Kampfgruppen für sich selbst?
Gewiß gibt es Unterschiede
zwischen Schwarz, Rot, Grün und Gelb
doch sie schmelzen
immer mehr dahin
einen wirklichen Unterschied
erkennt man nur marginal

Am Ende ist es gleich
ob man von den einen
oder den anderen
abgezockt wird
dagegen hilft nur Volkes Stimme
unüberhörbar im ganzen Land
die niederwirft die Knechtschaft
der abgehobenen Oligarchie!

PS: Nachdenken im Jahr 2005
über die politische Sklerose in Deutschland

Abgetrieben. An den Rand

Wenn man gewußt hätte
aber es ist vorbei
läßt sich nicht mehr zurückstellen
noch einmal die Wanderungen
die Wege
die man zuletzt
gegangen ist
dort war dies das letzte Mal
hier jenes Datum
jetzt Schlaglichter im Gedächtnis

Lebenswende vor und nach
Summe und Erinnerungen
unerledigt vieles
Familie nicht gegründet
unerhört gründlich aufgeschlagen
abgetrieben, gescheitert
schachmatt

Aufforderung zu Zwangsarbeit
der Weg in die Ein-Euro-Falle
Straße fegen, Müll aufsammeln
um selbst beiseite gefegt zu werden
hinübergestürzt an den Rand
wie Abfall, überflüssig
gestern noch überall hin gelaufen
heute jeder Schritt ein Schmerz
und selbst mit Krücken
jede Strecke zu lang
Hoffnung, wie ein Schiff
das längst abgelegt hat
gewiß man lebt

Hartz IV wirkt
Minister orakeln von Erfolgen
irgendwie noch
ein paar Bruchstücke zusammenflicken
halsbrecherisch
um nicht völlig unterzugehen
alle Berufe zunichte gemacht
Jahre für das Diplom gelernt
nun statt dessen Karriere als
ständiger Sklave für's Grundamt
ein erstklassiges Ergebnis
absolute Spitze!

Umgarnte Abgeordnete

Es sitzen im Bundestage
zu viele in abhängiger Lage
sie wurden verbunden
mit raffsüchtigen Runden
zuviel gibt's von diesem Schlage

Der Versprecher

Wenn der starke Münte will
steht die Rentenkasse still
nichts gibt's vor 67
vorbei die Faulenzerei
gearbeitet wird jetzt bis zum letzten Zahn
soweit geht sozialdemokratischer Wahn

Ein Vorschlag wär dann aber opportun
auch Politiker sollten nicht mehr ruhn
bevor die 70 Lenze da
gibt's keinen Cent aus euren Sondertöpfen
ach, ihr drückt euch vor solchen Gesetzen?
das könnte eure Denkfreiheit verletzen ...

Dann versetzt mal ganz galant
den Müntefering in den Ruhestand
sonst baut er Bockmist
ohne Ende und Verdruß
der Politiker sollte auch Vorbild sein
und kein ausverschämtes Kürzungsschwein!

*Noch wenige Wochen zuvor erklärte der damalige
SPD-Vorsitzende Franz Müntefering im Wahlkampf:
Mit ihm sei eine Rente erst ab 67 Jahren nicht zu machen.*

14 Tage Stalin

Alle Arbeiter, Angestellten, Arbeitslosen,
Rentner, Kinder, Kleinunternehmer usw.
sollten mal für zwei Wochen
ins Ausland flüchten
rein aus Sicherheitsgründen

Dann lassen wir Stalin
und seinen Apparat
gegenüber Spekulanten, Abzockern
Konzernchefs, neoliberalen Politikern
und den ganzen übrigen Sozialdemonteuren
eine Art effiziente „Kulakenreform"
durchführen

Wenn sie dann wissen
wir können das jederzeit wiederholen
werden sie darum betteln
daß sie uns gewiß immer
ausreichend Arbeitsplätze anbieten werden
und auch sonst
nicht übermäßig ausbeuten
Sozialraub bestimmt
nicht wieder vorkommt

Ein solcher Plan
könnte vom Volk zwar
demokratisch abgesegnet werden
wäre aber nicht humanistisch
würde Opfer kosten
und kann deshalb nur verworfen werden
jedoch muß man
den neoliberalen Profiteuren
und ihren Handlangern
auf andere Weise
mal konsequent
in die Reformparade fahren

Vielleicht kommt
es aber auch ganz anders:
wer weiß wie die Herren von morgen
das Volk züchtigen
auch ihnen könnte
das eine oder andere Element gefallen
mit denen Stalin und Stiefelknechte
ihre Untertanen
in Todesangst versetzten

Gereimte Haikus

Credos versinken
Mal für ihn scheint Abu Ghreib
laßt ihn doch winken

Die kleinen Lügen
schnell zu Fuß sind sie häufig
Menschen ermüden

Meine Rechtschreibregel
ein „ß" in dem Wort „das"
entfernt von mir Flegel

Richtfest

Sie wollten den Teufel
ans Kreuz nageln
pfiffen Spottlieder auf alles
was ihnen teuer war
Wolken sahen sie ziehen
Zeiten umstürzen
das Morphium wirkte lange
dem Teufelswerk
konnte es nichts anhaben
hatte man sich schon jemals so
Nägel ins Mark geschlagen?

Mit Astkrücken
und grauweißen Verbänden
hinkten sie heim
nie waren die Wege so lang
doch ihre Kinder und Frauen
trafen sie nirgendwo mehr
keine Wohnstätten
nur versteckte Kunde
von gewandelten Verhältnissen
Sand, Gebein und verdorrtes Gras

Eisbärenfamilie

Mach's gut, großer Weißer
für deine Bärenkinder
ist Nordpolareis die Spielwiese
hört ihr wie sie schmatzen?
doch schmelzen die Jagdreviere
unter euren Tatzen
karg wird die Robbenmahlzeit
noch gibt es wohnliche Eishöhlen
auf gefrorenem Areal
aber viel schneller als je gedacht
bricht immer mehr
vom weißen Boden

Die offenen Passagen
dunkle Lecks immer größer
sorgen für noch mehr Schwung
Quecksilber steigt unaufhörlich
rot gelistet bist du nun
tapsende Bärenkinder
immer seltener hinterlassen sie Spuren
du bist der König der Arktis
doch Rabenbrüder und Schwestern
die wollten zu hoch hinaus
jetzt können sie nicht mehr bremsen
und machen dir bald den Garaus
auch ich bin daran schuld
wie viele schuldig sind
liebend gerne würde ich zaubern
dir die Eisebenen wieder her

Anzeichen und Wasserfragen. Version II

Nordseewellen
in Aachen Fischfang
einst als das Eis regierte
reichten Landzungen
von Sibirien nach Amerika
ein paar Jahrtausende später Wasserwelten
wie ein Spielfilm
des 20. Jahrhunderts prophezeite
Tsunamis galten nichts
gegenüber der großen Landnahme

Warnsysteme vor schmelzenden Eispolen
und aufgewärmten Ozeanen
gab es nicht
das alles sollte auch unmöglich sein
für unzählige Generationen
eine Arche wird wie immer
nicht rechtzeitig fertig geworden sein
es wäre sinnlos gewesen

Da blieb nur
die Flucht zu ergreifen
ob es zu der Zeit
noch Menschen gibt
muß als offen gelten
aber passieren braucht das alles
nicht unbedingt
es ist nicht mal wahrscheinlich
aber gut zu wissen
was man auf den Kopf stellen kann
wie viele Milliarden kosten
dreißig Zentimeter Meeresanstieg?

Wird es jetzt wärmer als im Eem
vor 125.000 Jahren?
niemand kann das voraussagen
sicher ist nur
das wir versagt haben
so oder so
fünf bis sechs Meter höher lag
der Meeresspiegel als heute
schlecht für Venedig
und viele andere Städte
schlecht für die vielen
Täuscher und Selbsttäuscher
Nordseewellen

Erbarmungslos

Das Rad ist uns entglitten
die Geschichte eingekerkert
die Länder schlagen sich blutig
an den Sünden von gestern
auf einstigen Ausfahrten
passierbar hätten sie sein können
die gemauerten Barrikaden
wird man nicht verzeihen können
in brutale Härte stürzt alles ab
Netze sind längst verschlissen
niemand wird aufgefangen

De profundis

Zum gleichnamigen Musikstück von Arvo Pärt

Zeichnender Taktstock
Männerchor
mehrere Stimmlagen
bis ganz tief
flehen nach ruhendem Geist
Atem bibelgleich
doch die Musik reicht weiter
Tonschlag
im Hintergrund
wie der Puls des Universums
Krypta und Töne
enge Klostermauern
dulden sie nicht
die Botschaft weit
über alle Religion hinaus
Strom im Donner
Vertrauen in die Fügungen
nachhören zuletzt
eine lange, feine Frequenz
wie von einer Klangschale
dunkle Mönchsgewänder

Endpunkt

Nur Sand und Stille
es kümmert wenige
ein paar Momente noch
hier und da
ein Verweis nach Jahren
jetzt ein letztes Lied
sodann ist alles getilgt
die Reste schnell verteilt
selbst Papier
dauert befristet

Namenlos
in der Hand
aus der das Irdische
weiterläuft

Es nimmt auf und legt ab
die Fäden
im Atem des Ungewissen
fort all das Unerledigte
das nicht mehr
zählen wird

Tauwetter

Schmutzig und weiß
Dreckflecke an den Hosenbeinen
Wege schlammverwandelt
in den Spuren schwarzes Wasser
auf Hausdächern rutschen Schneereste
Zapfen stürzen hinab
Eisschutt am Boden
Geklacker in Fallrohren
der Nadelwald trägt wieder
die korrekte Farbe
nachts noch einmal
Winterreste tiefgefrostet
ein paar verirrte Kristalle
windgetrieben
viele Tage zehren Plusgrade
an den letzten Schneemützen
grippegesättigt die Luft

Katzenalltag

Katzen-tatzen-weich
kratzen, tatschen
in Menschenbetten
räkelt sich's am besten
flinkes Pfötchen, flinkes Mäuschen
gekotzt, gekratzt, geschnurrt, geschmiegt, geputzt
den Fleischklopfer gehört
jetzt gibt's Happen
schnapp, geschlungen
wieder das Weite gesucht
jemandem von hinten ans Bein gesprungen
hat sich's ausgetobt
Katze gerollt
Augen zu

Blick auf den Seddinsee

Kormorane verätzen
ihre Brutbäume
über Wasserflächen
findet die Seele Tiefe
zuweilen lasse ich hier
meine Blicke schweifen
meditiere mit der großen Natur
die Wälder sprechen zu mir
manchmal betteln
Stockenten um Brotkrumen
Eisenpfähle mit Schildern
Berliner Gründlichkeit
verschandelt die Landschaft
Trauerseeschwalbenschutz
im Winter blendet
der Schnee auf dem Eis
im Sommer stört noch abends
motorisierter Bootslärm
und doch bleibt der Kontakt
zu Winden, Sternen
und Sonnenglitzer

Nachtwanderung

Schon stehen irgendwo bereit
dünne Schleier, alte Hexenbesen
fort vom Ferienlager
ein Ausflug auf das freie Feld
und keine grauen Wesen
spuken hinter Apfelbäumen
noch strahlt der Sommer pur
doch die Zeltnacht schleicht heran
schon bald: Kinderflüstern nur

Die Gespensteruhr schlägt an
zur unbekannten Zeit
es tickt in den Schlaf, ins Ungewisse
endlich ist es dann soweit
irgendwann nach Mitternacht
Hände wecken Kinderaugen
auf ihrem Pfad geben alle acht
graue Nebel rings umher
selbst der Mond hat sich versteckt

Auf ins Spuk- und Schauerland
stiller wird die Stille
schwarzer Wald, er rückt heran
greift zu, verschluckt
nur Atem ist zu hören
ein wilder Aufschrei dann
hinterrücks flüchtet etwas
die Zweige knacken
es bleibt ein angespannter Bann

Gruslig rote Augen funkeln
in weißen Spukgewändern
ganze Horden kreischend
hechten tumb im Dunkeln
und das nächste Schweigen
führt zum Knochenmann
er grüßt das Morgengrauen
mit seinem Armgebein
doch jeder Pfad ist irgendwann
abgeschritten bis zum Ende
im Zelt schläft jeder ein
so nach und nach

Halloween

Da kommen sie jubelnd
die kleinen Feen, Hexen und Clowns
spitze Hüte, Gespenster
schleichen von Haus zu Haus
stöbern auf
was sich aufstöbern läßt
„sauer oder süß" fragen sie keß
wer seid ihr?
Hexen sind wir
werden Hexen nicht verbrannt?
Bescheid wissend: Nein
die dunkle Jahreszeit beginnt

Unbekannt zu meiner Kinderzeit
wann fing er an
der feurige Kürbiskult?
rohes Ei klebte an der Hausfassade
da ließ sich nicht nur
die Nase rümpfen
über den Spuk aus Amiland
doch einst über dem Atlantik mitgesegelt
scheint Irland die eigentliche Quelle
bald schon wurde klar:
am letzten Oktobertag
gefüllte Beutel mit Süßem
bändigen kleine Teufelchen

No. 23a

Die Zapfhähne
schon an der Türklinke
glänzendes Kupfersudwerk
zum Bierbrauen
Knoblauchkartoffeln dampfen
„Hier kocht für euch Karola"
Sauerkraut mit Linsen
alles frisch in der Küche
wozu Speisekarten
und lange warten?
Töpfe für
den regelmäßigen
Nachschlag öffnen
Pute, Schwein und Rind
Salate ohne Ende
Kräuterbuttermilchsuppe

Himbeerbier wird ausgeschenkt
überspannt ein Himmel aus alten Zeiten
Trompeten, Kontrabaß, Geigen
dort hängt ein Pferdekumt,
Uraltfotos und Uraltkoffer
Ventilatoren und Radio
Plakate werben
für nächste musikalische Auftritte
Sprüche ohne Ende
verzieren die Wände
an der Klotreppe für Damen
„Hier sitze ich
und kann nicht anders"
Gartenstadt Plaue
Dorfanger
„Kneipe Pur"

Kra-Kra-Kra

Walnüsse gibt es in Fülle
doch wie kommt man
an die Leckerei
unter ihrer Hülle?
schwarzbefedert gerät man
leicht ins Hintertreffen dann
Nußknacker können wir nicht bedienen
doch sehen Sie betret'ne Mienen?

Schlaue Rabenvögel wie wir sind
tragen im Schnabel fort geschwind
die guten Stücken
klack – immer wieder – klack
aus luftiger Höh
schlägt auf die Schalenfrucht
und zack – zwei Hälften

Nun ist der Krähentisch gedeckt
und da die Nuß gut schmeckt
wird Nachschub schnell besorgt
zuweilen stört das Blechmobil
es fährt zu Matsch das schöne Ziel
ihr Leute schert euch weg,
das ist jetzt unser Fressensfleck!
kra, kra!

Depeche Mode Konzert

Graue Figur, Federkind
vergeblich warten einige
auf letzte Karten
mit Menschenköpfen randvoll
dazwischen weiße Lichtchen
überspannt von Stahlnetzwerk
ein Rund von oben
eins, zwei, drei
Händefluten strömen
entgegen der Bühne

Cockpit im Raumschiff
stählerne Klangkulissen
jegliche Hindernisse
übertrumpft der Rhythmus
Ton um Ton ergriffen
tiefe Stimme
lila Farben, rote Punkte
Scheinwerfer quer
durch die riesige Halle
Dave Gahan
hält Ständer und Mikro
den Fans in den Saal

Graues Jackett
dann schwarze Weste ohne Hemd
Sojus-Landekapsel
schwebt am Bühnenrand
sechs Teilleinwände ergeben
schief die Bilder
schreitende Vogelfrau mit Brüsten
langer Schnabel über kreuz
nach unten und oben gewachsen
eins von vielen
das Publikum erklatscht und erpfeift
die Zugaben

Signum der Gruppe
die Farbe Schwarz
selbst der Tanga der Nachbarin
das andere nicht zu verachten
wenn sie sitzt
wer den Gürtel einspart
ist selber schuld
Ovationen für die drei Engländer
Velodrom, Berlin

Einschnitt

Gibt es eine magische Verbindung
zu Natur und Himmel?
meine Welt
nordeten mir täglich
zwei alte Tannen ein
immerwährend

Die Hälfte meines Lebens
verschwand
in 15 Minuten Motorsäge
die Kräftigere von beiden
stand mit den Jahren etwas schief

Mein Erdendasein
hätte sie womöglich
trotzdem überdauert
etwas ist gestört
das Holz reicht keinen Winter

Die Entscheidung

Gleislose Tage
man gerät aus den Fugen
es arbeitet sich
immer weiter vor
zur Qual wird dir
das Laufen wie das Schreiben
immer mehr enteignet
wirst du von dir selbst
die Monate drohen
mit den Jahren

Keine Frage:
gekämpft wird bis zuletzt
für das was medizinisch geht
doch allmählich
fällt es schwer
sich je erneut herumzuärgern
mit Diagnosen
die enden im Nirgendwo
und die ausgehen allzuoft
vom ungewissen Blick
hinter Scheuklappen

Gehen über die Linien
wo alles leer bleibt
wenn unerreichbar liegt
es endlich abzuwenden
sich tiefer und tiefer einbrennt
jene unabwerfbare Last
die vielen Bücher
sind noch aufzuteilen
dies und jenes
erledigt – wär es gut
bis das man die Segel streicht
sich entscheidet
es ist genug

Elefantenfüße

Sich selbst umbauen
immer um die Krankheit herum
von ihr fortfliegen
freie Zelte aufschlagen
die Schmerzlinien unterlaufen
Elefantenfüße im Kopf
die Kulissen stehen fest
fliehen im Annehmen
was noch kommt
kann schlimmer werden
die offenen Areale
schwinden aus den Händen
den Gegenspieler
immer wieder austricksen
austesten was noch geht
zum Aufgeben
ist immer noch Zeit
einstweilen heißt die Diagnose
jeder Eingriff
kann es verschlimmern
aber doch rausbekommen wollen
wenn etwas gehen sollte
sich immer mehr hochrüsten
mit medizinischem Wissen
und doch dastehen
wie der letzte Tor

Schaukelpferd

Mit dir in die Welt
immer mehr verblichen

Verstummt
sind sie noch nicht
die ersten Erinnerungen
Menschenkind
das jeder einmal war
die Zeugen

Waldtheater mit Lutscherfiguren
der erste Wespenstich
verkleideter Prinz
der lieber den Backofen
als Brot ausprobieren wollte
statt den Prinz zu spielen
wie man mit dem Roller ausbüchste
der Kamerad im Kindergarten

Oder ist es schon
die Erinnerung an die Erinnerung?

Schaukelpferd
hausbodenverstaubt
hier liegst du vor mir
zersägt in Stücke
soll dich verheizen
ein Blick aus
einem ganz frühen Leben
ein Abschied

Auch Schaukelpferde
können aussterben

Es wird angerichtet

Sieben Minuten vorm GAU
Ostseefisch plus Cäsiumeinlage
immer ausreichend vorrätig
segeln mit Steuerstäben
und blinden Monitoren
der Wind sucht sich die Opfer aus
zehn Prozent Fleisch
von verstrahltem Schlachtvieh
kann man zumischen
bewährtes sowjetisches Rezept
außerhalb von Moskau

Forsmark hatte zuerst
die Tschernobylluft gemessen
Kurzschlüsse gibt es
immer mal wieder
nicht nur in Brunsbüttel
oder schwedischen Gefilden
schnell sind die Herunterreder
und Wortverbieger
immer schon gewesen
im Ernstfall nutzlose Idioten

Global gibt es noch Uraltvorhaben
Zeitbomben die man stellen will
das Leck wird sich finden
vielleicht an ganz harmlosen Stellen
selbst moderne Anlagen
verschonen die Fehlerteufel nicht
einstweilen empfehlen sich Pfifferlinge
frisch aus Belarus
nebenan vom Gemüsehändler

Konsequenzen

Manchmal können Zahlen
richtig aufschrecken
die Wirklichkeit war
nicht scharf genug eingestellt
alle zehn Tage
geht ein Kohlekraftwerk
in China ans Netz
wie sind global
die Zahlen anzusiedeln
drei Tage oder vier?

So ist der Strick beschaffen
an dem wir alle hängen werden
und niemand denke
er könne seinen Kopf
noch rechtzeitig
aus der Schlinge ziehen

Wenn die UNO
eine Weltregierung wäre
könnte sie ein Gesetz erlassen:
wer Kohlekraftwerke
plant, baut oder betreibt
wird mit 25 Jahren
Kerkerhaft bestraft
Eigentum ist zu konfiszieren

So wäre die solare Wende
fast ein Klacks
und es würden die Rekorde
beim Energiesparen
beinahe täglich übertroffen

Bestandsaufnahme

Jetzt wohne ich im Niemandsland
ein Stück Deutschland
ein Stück Fremdland
irgendwo zwischen Heimat
und feindlichen Stellungen
mit der Kolonialmacht unversöhnt
ihrer fürsorglichen Freiheit
schon zeigen sich
die alten und neuen Fratzen
modernste Kälte blitzt
da ist jedes Ankommen zu spät

Montagsdemonstrationen

Ein Gespenst geht um
es schlingt sich um die Weltzeituhr
die politische Obrigkeit lamentiert
auch 1989 gab es plötzlich Leichtmatrosen
das Volk will immer weniger
aber noch können die Strippenzieher
angespannte Stille
beim Protestmarsch auf die Trutzburg
die SPD erlebte schon bessere Zeiten

Überall im Osten flammt es
hunderte Städte und Orte
die Tagesschau lügt über bloß tausend
vom Fernsehturm ziehen Massen
gibt es eine Zensurbehörde
für die Freigabe von Nullen?
die Eliten bekommen
es mit der Angst ...
strohige Clementinen im Angebot

106

Im Westen lahmt der Bürgersinn
sonst hätte das rot-grüne Dilemma
gleich die Hüte nehmen müssen
einige dummdreiste Anzeigen
auch wir sind Volk
und was für ein Volk!
Harz IV treibt den Keil
Armut soll wieder Markenzeichen
die Berliner Republik
öffnet die alten Rumpelkammern

Christian Ströbele schiebt seinen Drahtesel
den Demoverkehr überblickt Peter Grottian
andere Strategen können sich
nicht auf einen Zug einigen
Woche um Woche
die Polizei wird rüder
brav verschützen sie das BDI-Gebäude
kein böses Wort
darf hinüberschwappen
zu den Wirtschaftslenkern
Montag bleibt jede Woche einmal
er wird nicht abgeschafft!

Die Terrormacher

Irrlichternde Aliens
nebenbei Elektrotod und Giftspritzen
frisch-und-freies Abräumen
auf dem irakischem Spielfeld
US-Firmen im Raubrausch
Politik ist ökonomische Bilanz
Himmelhochhäuser

Naturschutzgebiete
für Ölhub in Alaska
was geht uns das Klimafieber an?
wissenschaftliche Lügen
werden gut bezahlt
für demokratische Ziele
darf auch gefoltert werden
so kann man billig tanken

Auf Guantanamo
besitzen alle volle Vogelfreiheit
da erübrigen sich Gerichte
Afghanistan ist militärische Sperrzone
hingerichtet wurde in der Wüste
wer in den LKW-Containern
noch nicht erstickte
bekam die Kugel gratis
alles unter strenger
amerikanischer Aufsicht

Bin Laden & Co. als Blendwerk
für unaufgeklärte Westler
wie züchtete man sie hoch?
der Wirtschafts- und Militärkoloß
des weißen Mannes
als Speerspitze in anderen Kulturen
hohe Zeit zu sichten
den eigenen Zugriff
die totalitäre Schiene, die Zündspur
zur Waffe Mensch auch unsererseits

Hochgeredet wird der fremde Terror
fünfmal täglich reicht nicht aus
beten, flehen, fluchen
nicht erwähnenswert das eigene Zutun
angeblich kompatibel
ist westlicher Waffengang
mit Menschenrechten und noch mehr
das heißt dann anders
ist trotzdem terrorträchtig
bis auf den Grund

Schuld trägt der Westen natürlich niemals
und viele verglauben sich blind
Währungsfonds und Weltbank
die Götter des globalen Kredits
sie verstehen das Diktat perfekt
privatisieren ohne Sinn und Verstand
Subventionen streichen
damit die ärmsten Schichten
besser hungern können
Schulen sind überflüssig
wenn man die Achse des Bösen sucht
hier könnte man ein Stück finden
geschluckt werden die Menschenrechte
von dicken Krakenarmen
Welthandelsorganisation

Das Projekt Weltbereinigung
in republikanischen Intervallen
pflanzt sich das fort
außerirdische Giftbrut
bricht immer wieder durch
es weiß schon was es will
es frißt uns alle
nach und nach
welches neue Regime
kommt nach Reagan
und Bush junior zum Zug?
was alles bleibt uns unbekannt?
wieviel tausend unschuldige Leben
kostete die Vergeltung von Terror?

Holt sie vom Sockel
diese Strippenzieher
hinter Öl, Geld, Waffen, Technokratie
die weißen Terrormacher
legt ihnen das Stahlseil um
rettet die demokratischen Reste!
brecht um die „freien" Diktatoren
wie das Konterfei
des irakischen Machthabers
umgebrochen wurde!

Eingeschliffen

Sie fahren in Kolonnen
die Sphären sind
streng geordnet
wissen sie noch etwas?

Die Vergangenheit
wird zur Maßeinheit
was preisen sie?
der Horizont
läßt sich einteilen

Ohne es zu ahnen
sie begeistern sich
für abgelebte Dinge
sie halten sich
an das Machbare

Das Machen
verstellt ihnen
die Möglichkeiten

Versunkene Schätze

Aus schwarzem Granit
die Königin
mit Stirnband
und Uräus-Schlange
noch unter Wasser
trägt sie eine Maskerade
aus Blaugrün und Hellbraun
unzählige Sphinx bewachten
einst die Tempel
an Ägyptens Küste

Von Meer und Beben
verschüttet und verschlungen
Goldmünzen, Ohrringe
unter Jahrhundertschichten
der Löwe reißt den Hirsch
und Herakles trägt
Bogen und Keule
wenn man das Geldstück dreht
Alexandrias Leuchtturm
ersteht nie wieder auf

Die große Zauberin
mit Kuhgehörn und Sonnenscheibe
Isis lächelt als Koloß
und in Miniatur
schützt die Schiffe auf ihren Reisen
das Kind vor der Gefahr
einst verlegte der Nil seinen Lauf
überall tonfarbene Amphoren
auf Stelen vertikale Textspalten
zeugen von Zöllen und Zehntem
gemeißelt in ägyptischen Zeichen
hinein in den dunklen Schlund

(Gedanken im Kontext der Ausstellung
„Ägyptens versunkene Schätze",
die 2006 in Berlin gezeigt wurde)

Gartenjahr

Hand anlegen
frisch gebrochene Erde
Beet um Beet
karges Grün gezogen
bis Sommerlüfte wehen
üppig ausgereichte Gaben
bleibt der Regengott gewogen?
Wärme und Wasser
spielen nach eigenen Regeln
auch listige Raupen und Käfer
fordern ihren Tribut
Spargel, Erdbeeren, Tomaten
begonnen und abgestriffen
wägen die Fülle
Kiste um Schale
später dann die Apfelernte
bis kalte Nächte
Braungrün enden

Elbe

Strohreste, Schmutz
hoch oben in Sträuchern
hängen geblieben
vom letzten Hochwasser
vereinzelt Möwenflug
stromaufwärts ein Lastkahn
Wolkenfetzen ziehen
die Dezembersonne
flutet die Wiesen goldgrün
noch immer
ist kein Eis zu brechen
in langen Bögen
läuft der Fluß dahin
Buhnen verstärken
die Strömung
entfernt eine Kirchturmspitze
und wenige Häuser
ein Spaziergänger mit Hund
auf dem Deich

In der Magdeburger Börde

Zivilisation und ökologische Rettung

– an die Lebenden und für die Toten –

I

Der Hades schäumt schon
umspült mit Hohn
das Menschengeschlecht
im Totenreich lodern
die Feste der Lava längst
Vorfreude auf Menschenfleisch
all diese Verirrten
sie wähnen sich
als Schöpfungskrone
und kommen nicht
über die Bierhefe hinaus
all ihre törichten Siege
werden ihnen nichts nützen
verloren fallen sie
uns in die Arme

Licht wird weiß
grell die großen Untaten
entfacht es den Geist
für andere Lebenswege
vertreibt es die geheiligten Kühe
aus ihren saftigen Enklaven
kehren wir um
können wir noch mal
ein rettendes Ufer erreichen?
ist noch etwas umzustimmen
in eine schonendere Weltsicht?

II

Reiche stiegen auf
und gingen wieder unter
bedeckt von
neuen Lagen Geschichte
heutigen Regimen
wird es nicht anders ergehen
Aufstieg und Zerfall
blühten selbst
den hehresten Ordnungen
kann die westliche Zivilisation
den Peripherien des Anderen weichen
kehrt das Abgestoßene
in die Mitte zurück?
beginnt etwas dort
wo Wald, Flur und Wildnis
noch Bezugspunkt sind
oder fällt auch alles das
nur zum Opfer
bleiben die Verletzungen unheilbar?
Zusammenbruch

III

Vorbestimmt ist nichts
aber die Karten liegen
das Spiel scheint verloren
ist das eine Frage
oder eine Antwort?
womöglich aber doch
das eigentliche Tor
eine Schwelle
die zu überschreiten ist
wir sind so verrannt
darin noch etwas zu wenden
das ist auch richtig
ein Rest Boden
der noch verbleibt
und es ist falsch zugleich
ein System von Selbstbetrug
die Hufe der Tyrannis donnern
was ist zu tun?
nur weiter die Straße beschreiten
wo immer sie uns hinführen wird?
noch ist nicht Nichts
auch morgen und später
es ist Zeit
die sein wird
noch Menschenzeit

IV

Verstrichen
schon Vergangenheit
die Vorhersagen der Politik
von Wachstum, Fortschritt, Unersättlichem
obwohl sie noch tönen
ihre Ziele handeln mit Halluzinationen
angewiesen auf Knüppelpfade
sumpfiger Umkreis
kaum noch passierbar
werden sie sein
unbezahlbar der Preis
für das teure Fälscherhandwerk
es gerät zu organisiertem Verbrechen
speist die Folterkammern
aus absterbendem Land
Schicksalsschläge verübt
an Milliarden Menschen
jetzt ganz unscheinbar
und morgen erst tödlich
die Legenden der Politik
kommen auf hohem Roß daher
am Leben vorbei
Blüten ohne Nektar

V

Der Aderlaß ist erbärmlich
wir bereisen den Mond
vielerorts Sendboten im All
Heerscharen beforschen
immer neue Areale
höher geschichtetes Wissen
doch es fehlt am Allernötigsten
selbst das Einfachste
scheitert an Mißverhältnissen
hartnäckigen Stolpersteinen
systemischen Henkerschlaufen
so leicht wäre der Hunger
aus der Welt zu verbannen
unzählige Millionen fordert er jährlich
unüberschaubare Leichenhaufen
von mehr als einer Milliarde Menschen
summieren sich in Vierteljahrhundertschritten
wann leiten wir ein
was an den Gründen des Übels hilft
all das ändert?
befreit

VI

Die Regen und die Dürren
furchen das Land auf
erst langsam und still
dann erklimmen sie die Herrschaft
über irdische Lebensläufe
schlagen immer mehr ab
von den vollen Speichern
sie spielen dem Hunger
in die Hände
ins Aus die Menschen
viele Speise kommt
aus trockensten Arealen
auch heute schon
und bald wird sie gänzlich fehlen
so wie wir die Himmel dirigieren
und immer wieder beginnt
das Fliehen und Sterben

VII

Das Ungetane wird fruchtbar
die verworfenen Grenzen
richten darüber wer leben darf
und wer geopfert wird
es stauen sich auf
die Altlasten
ganze dunkle erzene Gebirgsketten
immer mehr schiebt sich zusammen
was den rettenden Pfaden entgegensteht
die Falltüren geöffnet
Treibsatz für weitere Treibsätze
und wir mit unserem Menschenverstand
übersehen zuviel von den Teilen
die uns am Ende umzingeln
wir verlieren alles
weil wir zuviel behalten wollen

Die kleinen Schritte täuschen
wenn in ihnen die großen Schritte
nicht angelegt sind
wir bemerkten nicht
wie wir nach hinten weichen
wo wir denken voranzuschreiten
Sauerstoff in Adern fehlt
der blau-schwarzer Staatsfäulnis
Einhalt gebietet
bürgerbewegtem Andersdenken
Auftrieb geben
sich immer wieder
neu auszurichten
auf untrügliche Hoffnungen
und festen Grund

Menschen, Systeme und Wirklichkeiten
blockieren sich gegenseitig
zu schwach der Strom
von weitem Grün
und kühnem Drang
unverdorben vom Flechtwerk
aus Macht und Beharren
und dem freundlichen Lächeln
der Dummheit
alles zu fest gespannt in Apparaten
beispiellos die Festungen
die Kräfte der Trägheit
und doch fehlt nur
ungebändigte Lebensenergie
die überwindet und unterwandert
die Gelände, Hürden und Steine
aus abgestorbenem Geist

Es wird kommen die Sturmsaat
einige von ihren Boten
kennen wir schon
nicht in ausgewachsenem Zustand
doch wie die Einschläge
und wann sie kommen,
wie sie sich verketten
bleibt überraschend
der Jahrhundertweg
wird Gericht halten
über die vielen Ausreden

VIII

Im alten Industriezeitalter
immer weniger zählte der Bauernstand
zweifelhaft der Wert der Ackerkrume
Brot und alle Speise
rückten in unbeachtete Sphären
doch bei Blicken
zwischen allen Meridianen
hätte man es wissen können
das ohne Lebensgrund
nichts anderes darüber
errichtet werden kann
einstürzt der ganze faule Zauber
von Fortschritt und Moderne

Nur jene Hände und jenes Wissen
wie Land und Pflanzen
vor allem Schwund zu wahren sind
der stabile Halm
die richtige Sorte
der gelungene Schutz
werden sich am längsten
in den Fiebern
der künftigen Plagen halten
und doch immer lauern unberechenbar
die Heuschrecken
die Sturmschäden
eine Krankheit
trotz bester Voraussicht
so ist der Gang
der zu spät
auf Einsicht ruhte

Reife Reben
üppige Ernte
könnten Generationen nähren
unzählige Zeitalter lang
die reichen Hände der Natur
das Dorf, die Region
ein Helfen und Tauschen
auf Herz und Geist gebaut
all die Netze des Lebens
von daher entsprossen
die Streben und Strukturen
von Gesellschaft und System
gelenkt die Pfade der Waren
der Handel und die Preise
abgeleitet von menschlichen Maßen
eingebettet in die Gesetze
der irdischen Natur
inspiriert vom Kindlachen
von fliegenden Schmetterlingen
befreiten Spuren

IX

Unser Regime hier
durch und durch verbrecherisch
aufgebaut gegen die Zukünftigen
wir trinken an seinem Busen
oh wie wohl die Säfte munden
wie schön all die Wohltaten
laßt uns all die Risse ausbessern
die in den Wolkentürmen klaffen
verschont uns mit Flüchen
aber niemand will es
hinterher gewesen sein
kommt
es ist nicht die rechte Zeit
genießen wir die bunten Lichter
solange sie uns noch dienen
steigen in die dunklen Wasser

Die Züge rollen wie einst
umschließen Angst und Tränen
gebrochene Menschenschicksale
die ganze Evolution wird abtransportiert
diesmal eine Spitzenleistung
mehrerer Generationen
die aufs falsche Gleis geraten
mit Blindheit geschlagen
fast jegliche Korrektur verweigern
kommt ihr Feiglinge
versteckt euch nicht dahinter
das Hitlers Todeslager
unvergleichlich sind
wir überbieten sie gerade
um mehrere Größenordnungen
bauen am neuen globalen Auschwitz
wir teilen jetzt auf
den Besitz der Kinder
und ihrer Kinder
so wie einst von Juden
und allen anderen angeblich Unwerten
geraubt wurde
was zu erraffen war
ein Vorteil der auch
viele Letzte noch erreichte
leichte Beute
Ernte, Wasser, Boden und Luft
die künftigem Leben anvertraut wären
alles geht auf in Rauch
seht wie wir sie
auf die Rampen drängen!
seht wie wir Massenmörder sind!
die Jahrmillionenschuld
in unserem Tagwerk brennt
Strähnen am Himmel blutrot

Reißen wir die Todesfabriken
aus allen Angeln
herunter mit der ganze Maskerade
stoppen und stellen wir
alles das was zerstört
vertäuen die notwendigen Antworten
mit neuen Ufern
das uns das Rettende auch wächst
nicht das Chaos alles umhüllt
die Heimstatt wegrutscht
immer tiefer
von einer Gefahr
zur nächsten Stromschnelle
immer undurchdringlicher wird
der Pfad

All die Kanzler und Konzerne
dieses Regieren in den Abgrund
gehört auf ein Tribunal
in Nürnberg oder anderswo
aber auch jeder einzelne
sitzt dort mit seinem Bündel
auf der Anklageband
keine Hetzjagd
aber auch Ablaßhandel
darf nicht mehr geduldet werden
die versagte Verantwortung
muß gerichtet werden
klar und unmißverständlich
niemand soll sich rausreden können
die Hauptverantwortlichen
gehören hinter Gitter
Anklagepunkt:
Völkermord

X

Unerbittlich
die neuen Maße kommen
brechen jedes Menschenwerk
der Möglichkeiten sind viele
unzählige weiße Areale
kaum jemand ahnt sie
schon lange testen wir
Methan zieht seine Kreise
aus Permafrost und Meeren
Glut wird der Planet
oder der Golfstrom erliegt
Schneezonen drängen von Nord
oder die wärmeren Meere öffnen sich
nehmen nicht mehr auf
sondern geben ab Kohlendioxid
oder grüne Gürtel werden gelb
so viele offene Tore
ungeklärte Verkettungen
schon viele Jahre
sind wir zu spät
auf leisen Sohlen
nur ab und zu mit lauten Tönen
dem Donner erster Einschläge
näher rückt der Supergau
diese Zivilisation hinweggefegt, ausradiert
bis auf die Grundmauern,
überweht mit mineralischer Zeit
wie fest steht das schon?
glauben wir nur noch an
unsere ungedeckten Schecks?

In die Landkarten
zeichnen sich neue Konturen
Kontinente und Landschaften brechen um
Staubernte und Pflanzentod
vielleicht nehmen
Sibirien und Kanada
Gestrandete auf
ernährt von Gaben
getauter Erde
wo noch mögen die Oasen liegen
hoch oben auf Bergen
bei fruchtbaren Böden
die gigantischen Völkerwanderungen
könnten selbst dort noch
die Gleichgewichte zermalmen
falls sie noch nicht
entglitten sind

Katakomben sollten wir bauen
laßt nicht die Bücher
und Kunstschätze untergehen
in den Dünen und Schlammfluten
verbrennt nicht diese Werte
vielleicht gibt es einmal Geschlechter
die anders beginnen können
und unsere Fehler vermeiden
alles was Computer speicherten
wird unwiederbringlich verloren sein
bereitet es vor
damit bewahrt wird
falls es etwas zu bewahren gibt
in den stählernen Brüchen

XI

Minderheiten sind gefordert
sie wechseln die Seite
bauen Boote für die neue Zeit
pflanzen die Saat, den Geist
für den Aufbruch
aus unseren Totenreichen
bereiten den Boden
für generationsübergreifende
Gerechtigkeit und Demokratie
das Bewußtsein für Lebensorte
die vom Herzen her
eingerichtet sind
Keimzellen für eine Gesellschaft
die nicht in den Zugspannen von Renditen
das Eigentliche vergißt:
schöpfen für Leben

Die Gründe und Elemente
müssen reifen und wachsen
für eine große Volksrevolution
gegen die plutokratischen Wirrnisse
neoliberalen Spukstädte und Dunkelmänner
Lichtgestalten für eine grüne Perestroika
alles nach menschlichen Maßen
nicht entlang der größten Schwächen
sondern dem besten
was Menschengeschlechter
hervorgebracht haben
stürzen das alte Delirium
und gründen einen Erdenkreis
der uns rettet
über alle Niederung hinweg
in göttlicher Spur
und über sie hinaus
doch irdisch angebunden
mit allen Sinnen im Leben
eine Volksbewegung

Wir brauchen
den sichtbaren Bund
den Arm des anderen
die Umkehr in uns selbst
den Abschied vom treuen Glauben
die vertrauten Schlüsse
werden auseinanderbrechen
wegschwemmen die Gewißheiten
in die wir letztlich
immer noch vertraut haben
kaum bewußt
allein wird jeder stehen
in weiter Flur ohnehin

XII

Die Sperren und Gitter
sie werden vorrücken
einnehmen wollen
was sich einzwängen läßt
immer tiefer eindringen
in die Seelen
wenn nicht widerstanden wird
Gegenmacht aufbegehrt
zerbricht die Logik
der neuen Diktaturen
wie immer sie sich
verstellen mögen
den Raum ausloten
abseits von Nimmersatt
und Notstandsjunta
demokratisches Areal
und Würde bewahren
noch ein letztes Mal verhindern
ein grausames Finale
neuartigen Totalitarismus

Dem bereits festgesetzten Anteil
an Schicksalsschlägen
kann nur hinzugefügt werden
der kluge Entscheid
im Lauf der Naturgesetze
nicht nur die lebendige Arbeit
auch Seherinnen und Seher
sind unerläßlich
in den schwarzen Zeiten
dem Dunkel und den Ruinen
den Brandspuren
weltumspannender Bürgerkriege
oder dem was Staaten
noch untereinander
auszubomben haben

Janusköpfig kann ausfallen
mit solaren Kräften
und ökologischem Budget
die Lebensdauer zu verlängern
wer wollte den Erfolg bestreiten?
doch an den Abbruchkanten
kann es das Leiden ausdehnen
über Jahre und Maße hinaus
doch niemand kann vorhersehen
die Resultate und Fallstricke
das Unwägbare
und wie wir uns heute irren
wenn wir etwas wissen wollen
man bleibt ein Narr

XIII

Es gibt keine Stunde Null
die Endzeit beflügelt
keine Wunderepochen
alles nur Truggestalten
etappenweise der Abbau
ein kurzes Aufbäumen
dann und wann
wenn der Atem reicht
Sterbefelder
soweit das Auge reicht
Kinder, Frauen, Männer,
vielleicht bleiben zwei oder drei
von zehn oder mehr Milliarden
wenn es einen gerechten Kulturkampf gibt
wie nie ein Geschlecht
für Anstand und Wahrheit stritt
doch all dies verbleibt
entlang der Kammern und Öfen
den Brandstätten
unserer antiquierten Ordnungen
den Siegesdaten von gestern
den Stacheldrähten
ausgelegt von den
Mächtigen und der Masse
jetzt und vormals

Es fehlt das Panorama
wie alles sich fügen könnte
in den neuen Ebenen
wie das Göttliche
ins Irdische geflochten
wie die Menschen
zu neuen Ordnungen kommen
die nicht den Quellen
des Mißlingens entspringen
wo der Fehler korrigiert
neue Weitsicht stiftet
Menschen in Vielzahl
in ausgewogenen Systemen und Strukturen
zum wirklichen Menschsein
sich empor tragen
Schlüssel finden für Auswege
entfliehen den Versteinerungen
die Aufstiegsbahnen versperren
suchen nach Rettendem
sendet Licht!

Durchreise

Unentwegt schneiden
wir das Brot der anderen
selbst mein letzter Cent
wird Leben nicht mehr retten
und wäre mein Geist titanisch
Staub zu Staub
läge alles am Boden

Dünn
wie Papier
immer dünner
wird mir die Haut
die Laute
sie klopfen
sie trommeln
dünne Haut
schweigen und schweigen

Selbst die Ahnen
könnten nicht mehr helfen
dünn ist die Schicht
durch die immer öfter
aufersteht, sich ausbreitet
meine große Trauer
kein Atem der genügt
das Richtmaß
wendet sich gegen uns

Ich bin ihr Tiger
sagt sie
Pranken sind mir gewachsen
der Seele hinzu
wo das Rettende wächst
droht sogleich die Gefahr
dünne Haut
die Messen sind gesungen
elastisch meine Sprünge
zwischen Nichts und Nichts

Gegen sich selbst ringen
aufstehen und kämpfen
und im Verlust
Gleichmut trainieren
trauern und trauern.

Über das politische Gedicht.
Einige Notizen

Politische Gedichte, die darüber hinaus auch noch hohe Qualität verbürgen könnten, gibt es hierzulande leider nicht in üppiger Menge. Man muß eher suchen, als daß man selbst in größeren Buchhandlungen fündig würde. Gewiß, unter Namen wie Erich Fried oder Bertolt Brecht, Kurt Tucholsky oder Hans Magnus Enzensberger sind einschlägige Exponate zu finden. Auch Liedermacher wie Wolf Biermann, Stephan Krawczyk und andere wußten das eine oder andere Lied hinzuzufügen. Die Geschmäcker sind zudem verschieden, so daß es zu unvereinbaren Vorlieben kommen dürfte. Für den Nachwuchs an politischen Dichtern ist es zudem meistens sehr schwierig Fuß zu fassen, obwohl ich glaube, daß dies nicht der einzige Grund sein wird, warum wir keine vielfältige, bunte Landschaft an politischen Dichtern und Dichterinnen haben. Natürlich brotlose Kunst zu verfolgen – man muß schon einigermaßen verrückt sein darauf zu setzen. Es ist wohl auch voraussetzungsreich, in diesem Spektrum dauerhaft interessante Arbeiten vorlegen zu können. Mitunter zeigen die Suche im Internet oder andere Quellen: Ganz verblichen ist sie nicht, die politische Lyrik.

Aber steigen wir ein ins Getümmel. Wie man richtig dichtet, muß von jeher umstritten gewesen sein. Wolf Biermann weist in seinen Poetikvorlesungen darauf hin, daß die verschiedenen Dichterschulen sich immer gern bekämpft haben. Dabei schließen gerne die kleingeistigen geifernden Apologeten die großgeistigen Talente der Gegenseite aus.[1] Freilich darauf beschränkt sich die Sache nicht. Es scheint zahlreiche Konfliktlagen zu geben, an denen die größeren Geister auch beteiligt waren. Ist dann noch Politisches im Spiel, lassen sich die Dissonanzen noch erheblich steigern.

Ich möchte dies anhand des Themas Krieg zunächst hier einführen. Es eignet sich offenbar für besonders auffällige Meinungsverschiedenheiten. Unter anderem über die Vietnamgedichte kommt es zu einer Kontroverse zwischen Günter Grass und Erich Fried. Im Gedichtband „Ausgefragt"[2] von Grass gibt es das Gedicht „Irgendwas machen", wo er sich über das Protestgedicht lustig macht. So meint er darin, die „Herstellungskosten" solcher Art politischer Gedichte seien gering, und sie wären zu abhängig von je aktuellen Konjunkturen. So schaffe beispielsweise die Aufrüstung den Raum für vermarktbare Anti-Kriegsgedichte. Dann kommt eine sehr unsägliche Passage, diese Gedichte seien zu fünf Achteln aus ohnmächtiger Wut gespeist, aus zwei Achteln alltäglichem Ärger und einem Achtel gerechten Zorns. Das provozierte dann auch mein Gegengedicht unter dem Titel „Vom politischen Gedicht".

Eine solche Sicht vereinfacht ziemlich unzulässig, läßt den Gang des politischen Nachforschens, bei dem sich der Autor seinen eigenen unhinterfragten Selbstverständlichkeiten stellt, außer acht. Es geht darum, verübtes Unrecht transparent werden zu lassen, und das Stimmlose, das entrechtete Menschsein aus dem Unbekannten, aus dem Verschweigen herauszubrechen bzw. diesen Vorgang des Bewußtmachens zu verstärken. Das politische Gedicht sollte die Fähigkeit, sich ein eigenes differenziertes Urteil zu bilden, stärken dürfen. Freilich gilt dies nicht nur für die Interpretation, die dem Autor naheliegen würde, sondern in mehrdimensionaler Weise. Zudem, wenn man auf andere Protestlagen, die etwa in der späten DDR, zu sprechen kommt, wird die Sache völlig absurd. Auch wenn die Verbreitung begrenzt gewesen sein wird: Die Lieder Wolf Biermanns waren doch kleine Treibsätze im System. Das läßt sich nicht auf ohnmächtige Wut beschränken oder gar verspotten.

Die angeführte „Achtelteilung", die Grass 1967 vermutet, verweist darauf, politische Gedichte können nicht auskommen ohne fundierte Kenntnis von Zusammenhängen. Es übersteigt in seiner Kürze und in der Möglichkeit sprachliche Gegenfragen, Überbrückungen oder andere Virtuositäten einzubauen, oftmals den Spielraum konventioneller politischer Texte. Einen Sachverhalt wie den zu Waffenlieferungen Westdeutschlands an die Nationalgardisten in El Salvador in Frieds Gedicht „Betroffen" kann man sicher auch in einem kurzen Zeitungsessay gut fassen. Doch der politische Querschnitt eines Gedichtbandes, zumindest bei Fried, läßt sich nicht in Essayform bringen. Auch bei meinen eigenen Gedichtbänden habe ich den Eindruck, die Vielzahl der politisch-geistigen Themen, vermischt mit anderen Themen, und ihre indirekte Vernetzung untereinander ließe sich nicht durch politische Texte oder Essays herstellen. Gerade dieser Umstand macht es reizvoll politische Gedichte zu schreiben und nicht einen Essayband. In der Kürze liegt hier tatsächlich die Würze.

Daß der von Grass proklamierte Horizont nicht die ganze Wahrheit sein kann, zeigt er zum Beispiel in seinem „Novemberland" von 1993, wo er in 13 Sonetten vorsichtige, zurückhaltende Protestkultur bietet gegen eine bestimmte Art deutscher Beschränktheit in der Gesellschaftskultur. Auch diese Gedichte haben Differenzen zum Verständnis Frieds, kommen dem aber verdächtig nahe.

Fried selbst bemerkt zu den Spottversen von Grass auf das Protestgedicht, daß vom Dichter verlangt ist, die eigenen Heucheleien und die Ungenauigkeiten beim Aufbau im eigenen Bewußtsein zu entdecken. Dem engagierten Gedicht „ohnmächtige Wut" vorzuhalten, sei merkwürdig unsensibel, und überhaupt könne der Einfluß von Gedichten nicht über „Divisionen" gemessen werden. Da Maulkörbe anlegen zu wollen, fast in der gleichen Art wie es Bundeskanzler Ludwig Erhard von Grass über rüde Beschimpfung forderte, sei einfach nicht opportun.[3]

Tilman von Brand streift in seinem Band „Öffentliche Kontroversen um Fried" ebenfalls diesen Streitfall und berichtet von einem Schreiben, daß ihm Günter Grass im Oktober 2001 zugesandt hatte. Dort teilte ihm der Schriftsteller mit, daß er sich mit seiner Kritik vor allem gegen die damals übliche Protestlyrik als Meterware wenden wollte. Wenn er Fried gemeint hätte, dann hätte er ihn auch namentlich erwähnt. Wie wir sehen, hat dieser sich allerdings sehr wohl angesprochen gefühlt, und es ist wohl auch sehr naheliegend, daß er sich angesprochen fühlen mußte. Grass vermerkt, daß Fried wohl viele Talente inspirierte, selbst politische Gedichte im Schnellverfahren herzustellen. Seine Gabe, auf aktuelle Ereignisse spontan mit einem Gedicht zu reagieren, sei manchmal geglückt und lag manchmal daneben.[4]

Fried spricht nur davon, parteipolitische Aussagen oder Stellungnahmen sollten vermieden werden. Andersherum kann man keinem Autor, keiner Autorin vorschreiben, welches Thema als Tabu zu sehen ist. Gut, auf Loblieder und Wahlaufrufe für Parteien sollte man in der Tat verzichten. Ihnen ab und zu ihre falsche Melodie vorzuspielen und da, wo sie die Bevölkerung nach Strich und Faden belügen, sie mit reichlich Spott zu bedenken, ihnen ihre eigene Heuchelei vor die Füße zu knallen, dürfte nicht unbedingt schaden. Fried besteht darauf, Gedanken und Kunstwerke müssen auch ketzerisch sein können, sie dürfen sich in einer Gesellschaft nicht gleichschalten lassen. Berücksichtigen muß der Künstler, er bewegt meist mehr, als er weiß in seinen Werken, das Unbewußte arbeitet mit. Ein Gedicht schreiben bedeutet einen Erkenntnisvorgang.[5]

Die Form und der Inhalt eines Gedichtes läßt sich nach Auffassung Frieds nicht auseinanderdividieren. Das eine ist auf das andere bezogen. Vermieden werden müssen vielmehr Klischees.

Die eigenen Gedanken und Gefühle in dieser Welt müssen sprachlich genau genommen werden. Aus dem Stil des Autors kann man erkennen, auf welche Weise er sich mit der Welt und ihren Problemen auseinandersetzt. Das wäre eine Art Stilpsychologie.[6] Ich halte die Überlegung für zutreffend, sie entspricht meinen Lese- und Schreiberfahrungen.

Die sprachlichen Gestaltungsmittel im Gedicht sollten frei wählbar sein und nicht unter einer Last von vermeintlichen lyrischen Gesetzen reglementiert werden. Der weißrussische Dichter Ales Rasanau bringt das sehr schön auf den Punkt, wenn er deutlich macht, jeder Poet formuliert die Regeln und das Ziel der Poesie auf seine eigene Weise. Anders gelangt man zu keiner „Fahrt ins Unbekannte", sondern zu „einer Fahrt nach der Straßenverkehrsordnung".[7]

In einem Interview von 1980 äußert Fried, er schrieb die Vietnamgedichte, weil ihm die dort im Land vorgefallenen Dinge äußerst zu Herzen gingen. Zugleich meint er, der Vietnamband sei ihm nicht der liebste Band, wenn es um die Anzahl gelungener Gedichte geht,[8] auch wenn der Band mit die höchste Auflage hatte.[9] Gemessen daran, ob man gute Gedichte im Band findet, dürfte man allerdings schon fündig werden, würde ich einwenden.

Peter Rühmkorf vermerkt, auch Fried konnte für seinen Vietnamgedichtband nur jene Nachrichtenorgane nutzen, denen die breitere Öffentlichkeit ihr „getrübtes Bewußtsein" von sich selbst verdankt. Dennoch gelang es ihm, aus „falschen Zungenschlägen" und „rotstichigen Sachmeldungen" die allgemeine Verdunklung der Geschehnisse „einen Vers lang aufzuheben".[10] Es gibt also auch gänzlich entgegengesetzte Einschätzungen, denen ich mich sehr gut anschließen kann.

Etwas anders dagegen Peter Härtling: Die Kritik am atavistischen Vorgehen der Amerikaner teilt er, aber ein Gedicht oder einen Roman über Vietnam könne er nicht schreiben. Er meint, es gäbe keine Sprache, um dies in angemessener Form tun zu können. Gegen eine vorgefertigte Moral und veraltete Ästhetik wehre er sich.[11] Diese letzte Aussage ist für mich nicht nachvollziehbar. Daß einem die unmittelbare konkrete Kriegserfahrung fehlt, das ist durch nichts zu ersetzen. Warum deshalb gleich jeder literarische Versuch, sich dem Vietnamkrieg zu stellen, fragwürdig sein soll, erschließt sich jedoch nicht. Man kann oder darf wirklich nichts sagen in literarischer Form zu einem Land, über dem weit mehr amerikanische Bomben abgeworfen wurden, als im ganzen zweiten Weltkrieg? Mir erschiene das als geistiges und literarisches Armutszeugnis. Gewiß, man sollte nicht über ein Thema schreiben, zu dem man keinen Zugang hat oder bei dem einem wesentliche Bezüge teilweise unklar sind. Es muß einen im Innersten bewegen. Um am Beispiel zu bleiben: Zum Einmarsch der Amerikaner im Irak 2003 fiel es mir nicht schwer ein Gedicht zu schreiben, gleichwohl auch hier sorgfältig abzuwägen war, welche Aspekte in den Mittelpunkt zu rücken sind. Sehr viel schwerer erschien mir dagegen, die unzähligen Anschläge und Konfliktlagen, die sich daraus in den folgenden Jahren ergaben, in dichterischer Form zu verarbeiten. Ich hätte schon gerne etwas geschrieben 2005 oder 2006. Aber ich bekam es nicht zu fassen, wußte zu wenig, wie die Zusammenhänge wirklich sind. Das, was uns die täglichen Nachrichten darüber bringen, scheint mir dann auch nur begrenzt vertrauenswürdig. Natürlich hätte man ein Einzelereignis aufnehmen können und von daher sich eine Schneise bahnen. Mir erschien solch ein Vorgehen nicht hinreichend. Gleichermaßen beim Einmarsch Israels im Libanon. Da hängt viel Vorgeschichte dran. Wie bewertet man das richtig? Wo sagen die westlichen Medien nur die halbe Wahrheit? Gewiß, die Clusterbomben, die gezielt Zivilisten nach dem Krieg treffen sollten im Libanon, könnten ein Punkt zum Einhaken sein.

Aber wie gesagt, der politische Dichter kann nicht sagen, das ist weit weg, da kenne ich mich nicht aus. Er sollte sich aber darüber im Klaren sein, wenn seine Kenntnislage lückenhaft ist. Anders sieht es mit einer konkreten Kritik aus, die Peter Härtling an Fried inhaltlich übt. Er meint, er vermisse bei den Vietnamgedichten, auch vietnamesische Soldaten töteten Frauen und Kinder, Folter dürfte zum Zuge gekommen sein. Fried würde die „schwarzen Kittel" „unbeschrieben in die Ehrbarkeit" entlassen.[12] Gerade letzterer Hinweis überzeugt. Wenn man sich mit dem Ablauf des Krieges in Vietnam intensiver beschäftigt, dann ist klar, daß es auch auf der anderen Seite entsetzliche Vorkommnisse gegeben haben dürfte. Direkt geht Fried darauf nicht ein, wenngleich der Krieg auch nicht als ein Befreiungsakt der anderen Seite präsentiert wird, sondern eher das Gesamtgrauen. Hier sind auch die Grenzen zu sehen dessen, was man literarisch formulieren kann oder nicht in so einer konkreten Situation, wenn man nicht im Land selbst lebt. Ich würde nicht ausschließen, daß Fried auch Verfehlungen auf der anderen Seite in Gedichtzeilen montiert haben könnte, so ihm handhabbare Kenntnisse zuverlässiger Art zu Ohren gekommen wären.

Auch wenn man sich ansieht, wie Fried andere Themen in seinem Werk behandelt, dann spricht einiges dagegen, daß er gezielt diese Sphäre ausgeklammert hat. Allerdings muß man auch sehen, daß der Ausrottungsfeldzug, den US-Amerika betrieben hat, zunächst mal das viel gewichtigere Problem ist, das auslösende Problem. Hier wird ein Volk seit mehr als 100 Jahren von Kolonialmächten geknechtet, versucht sich von dieser Fremdherrschaft zu befreien. Da zuerst auf die Verfehlungen dieses Vorganges zu orientieren, hat dann, obwohl berechtigt, auch etwas sehr Einseitiges an sich.

Selbst schrieb ich ein umfangreiches Gedicht zum Kosovokrieg. Trotz aller Abwägungen und Anfragen darin um die fatalen Bombardements blieben die Konfliktfragen der vorhergehenden Kriege auf dem Balkan ausgeblendet. Dem lag nicht die Absicht zugrunde, ein einseitiges Bild zu zeichnen. Die widersprüchlichen Kenntnisse über den wirklichen Verlauf, die vielen Lücken und auch die vielen offenen Fragen ließen dies einfach nicht zu. Selbst der Entwurf eines späteren Gedichtes, das allgemeiner die Frage thematisiert, in welchem Verhältnis militärische Hilfe in letzter Instanz dazu einsetzbar ist, Menschenleben in tödlichen Konfliktsituationen zu retten, war außerordentlich quälend. In Ruanda stellte sich die Frage ähnlich bohrend.

Gewiß reflektiert man über die Vorsorge, daß es erst gar nicht zu Konflikten kommt, heute überhaupt nicht mehr. In der Praxis wird jeder Ansatz dazu letztlich durch die wirklichen Taten der westlichen Staaten konterkariert. Ich kann nicht erst in Afrika dunkelste Elemente unterstützen, ethnische Konflikte verstärken, damit diverse Rohstoffe billig geliefert werden, und dann plötzlich als Friedensengel Menschenrechte an anderer Stelle militärisch schützen wollen. Auch Saddam Hussein war von den USA protegiert worden, um die Mullahs im Iran unter Druck zu setzen. Wer Soldaten in den Krieg schickt, muß damit rechnen, daß dabei auch viele ihr Leben verlieren. Mit welchem Recht müssen in Afghanistan deutsche Soldaten sterben, zumal ohnehin nicht auszuschließen ist, daß die westlichen Staaten irgendwann hinauskomplimentiert werden wie zuvor schon die Sowjets. Mit einem Marionettenregime kann man nur bedingt Demokratie aufbauen.

Ich will darauf hinweisen, daß also solche „Lücken", auf die Härtling hinweist, nicht unbedingt mit der ideologischen Borniertheit des Autors zu tun haben müssen. Dennoch gibt es gute Gründe in der politischen Dichtung, wenn das möglich ist, diese „Lücken" zu vermeiden und sie nicht gar zu „ganzen Phasen" werden zu lassen. Dies geht freilich nur, wenn gewährleistet bleibt, der literarische Stoff wirkt um seiner selbst willen und wird nicht eingespannt, um krampfhaft Fehlinterpretationen zu vermeiden. Wenn der entsprechende Einfall nicht kommt, dann kann man ihn auch nicht hervorzwingen.

Natürlich würde ich es insgesamt vorziehen, man bräuchte keine Gedichte, Texte etc. gegen Kriegstreiberei schreiben und könnte sich auf andere Themen konzentrieren, nur unsere Politiker scheinen schon wieder zu meinen, die Welt müsse am deutschen Wesen genesen und an deutschen Waffenlieferungen auch. Sicher, es gibt gerade schlimmere Ganoven als uns, die den Unterschied zwischen demokratischen Verhältnissen und Bürgerkrieg nicht so richtig auseinanderhalten können und die gewiß ganz andere Ziele haben als diejenigen, die sie vorgeben. Es steht zu vermuten, in einer Welt knapper werdender Ressourcen dürften die Konfliktherde nicht abnehmen. Ein durch unglückliche Umstände ausgelöster Atomkrieg zwischen Pakistan und Indien oder Israel und Iran könnte verheerende Auswirkungen auf die Weltgemeinschaft haben, und es sind ja nicht nur diese Konstellationen denkbar. In US-Amerika lagern die meisten Atomsprengköpfe, auch andere Massenvernichtungswaffen. Der Abrüstungswille ist nach der Ära Gorbatschow weitgehend verlandet.

Nun befaßt sich politische Dichtung nicht nur mit Unrecht und Problemen dieser Art. Wolf Biermann führte vor, wie man eine politische Klasse mit subversivem Liedgut und auch Gedichten ganz gewaltig herausfordern kann. Texte wie „Das macht mich populär", „Die Stasiballade", „In Prag ist Pariser Kommune" oder „Deutsches Miserere" gehören da zu meinen Favoriten, was die politische Seite anbetrifft. Auch „Gorbatschow", „Verkauft uns nicht" und die „Ballade von den verdorbenen Greisen", die in einen späteren Zeitabschnitt fallen, sind mir sympathisch. Was hier im Liedtext passiert, kann für Gedichte nicht unerlaubt sein und muß sich auch auf andere gesellschaftliche Konfliktzeiten erstrecken dürfen. Man kann darüber streiten, ob manche rüpelhafte Einschlüsse wirklich gelungen sind, wenn man das

143

Gesamtwerk betrachtet. Ich vermag mich nicht mit mir selbst zu einigen. Manchmal denke ich, das muß so sein, das gehört dazu. Manchmal liegt es mit meinem Feingefühl verquer.

In seinen Poetikvorlesungen erzählt uns dann aber Biermann, das Gedicht soll nicht penetrant darüber aufklären, wie die Welt ist.[13] Ich frage zurück: Kennen wir die Welt wirklich? Wie genau kennen wir sie? Ist sie womöglich nur aus kleinen Versatzstückchen notdürftig zusammengehalten, wenn wir sie in unserem Menschenhirn widerspiegeln? Vieles womöglich auch noch sehr verquer zusammengehalten? Das meiste völlig unbekannt. Reicht es dann aus, wie Biermann meint, zu gucken, wie wirkt diese Welt auf das Gemüt des Dichters, damit der Leser sich damit identifizieren kann oder nicht? Muß er dann nicht auch dafür Sorge tragen, ein wenig mehr Klarheit beim Dichten einzuflechten? Zumindest beim politischen Gedicht wird er nicht darum herumkommen. Ansonsten wird das Endprodukt vielleicht etwas zu verschwommen sein? Und erklärt nicht Kollege Biermann in dem einen oder anderen Gedicht oder Lied auch, wenn man sich den mehr politischen Bereich ansieht? Nehmen wir das schon erwähnte Gedicht zum Prager Frühling. Zumindest der politische Dichter kann es sich gar nicht leisten auf Weltklarheit zu verzichten, er muß darum ringen. Er muß dabei auch gegen sich selbst ringen.

Ja, selbstverständlich – man soll zeigen das Hoffen, den Zorn, die Zweifel, das Staunen, den Schmerz, alle die Regungen, die den Gemütshaushalt des Menschen ausmachen, wie Biermann ausführt.[14] Da gehe ich völlig mit. Der Dichter soll ausschenken aus dem Kessel heißer Lebenssuppe. Ganz sicher. All die schönen Wünsche, die Wolf Biermann in seinem Dichtkunst-Ratgeber-Gedicht Erich Fried bei der Verleihung des Österreichischen Staatspreises angetragen hat – also die meisten – könnte ich mit unterschreiben. Dann steht dort aber eben auch: „Mach nicht groß in Weltgeschichte!" [15] Man soll nicht dick auftragen, angeben mit Wissen, daß man nicht hat, auch der politische Dichter nicht. Einverstanden. Manches ist komplex und erst auf den vierten oder fünften Blick zu durchschauen. Zum Beispiel, daß amerikanische Angriffskriege im Irak zu einem Bürgerkrieg führen, der unendlich mehr Todesopfer bereits gekostet hat, als wenn man das einstige amerikanische Ziehkind Saddam Hussein weiter Diktator hätte sein lassen, so ablehnenswert eine solche Figur auch immer sein mag. Im ersten Golfkrieg ließ man die Opposition gegen ihn so richtig ins Messer laufen. Gewiß hatten irakische Truppen in Kuwait nichts zu suchen, was man dem Regime mit aller Deutlichkeit auch vorher klar machen hätte können. Man wollte es nicht. Daß mancher bei der Biermannschen Parteinahme für die amerikanische Kriegsmaschine dem Dichter im Fach Weltgeschichte eine glatte Sechs verpassen wollte, kann ich gut nachvollziehen.

Und in der nationalen Geschichte hat Liederbarde Biermann doch auch auf „ganz groß" gemacht. Also warum nicht in Weltgeschichte oder Zivilisationsgeschichte? Warum nicht der ein oder andere „gedachtete" Kommentar, wo es sonst hieße, der Dichter hätte feige weggeschaut? Ich denke, daß sich die Wegscheide, die Biermann aufzeigen will, als falscher Freund entpuppen wird. Gewiß gibt es von Fried auch Gedichte, die mögen zu platt, zu seicht sein. Man wird diese Exemplare in seinem Werk finden, wie man sie in Biermanns Werk findet, und auch mir wird ganz sicher nicht alles gelingen. Aber würde man mich mit der Aufgabe betrauen, 150 bis 200 sehr gute Gedichte bei Fried für einen Band auszuwählen: Bei ihm sind sie zu finden, und es dürfte zu dem Besten gehören, was man in Deutschland seit dem zweiten Weltkrieg an Gedichten finden wird.

Also ich glaube, daß Biermanns Botschaft trügerisch ist, wenn er sagt, daß er gegen engagierte Lieder sei und er die wenigen Jahre hasse, in denen er gelegentlich auch so gearbeitet habe. Etwa das Lied „Im Haus zur ewigen Lampe" in seinem Band „Paradies uff Erden" (1999)[16], ist das kein engagiertes Lied? Da hätte ich dann doch Zweifel anzumelden, und natürlich gehört so ein spezielles DDR-Gefängnis kritisiert. Oder nehmen wir „Das neue ABC" oder „Mielke war es, der kämpfte"[17]. Gewiß, der explizit politische Anteil hat sich sehr stark reduziert, was eigentlich nicht daran liegen kann, daß es keine Themen gäbe. Freilich, sein Thema hat sich so langsam aber sicher erschöpft, sofern man nicht die chinesischen oder kubanischen Verhältnisse zum Stoff macht.

Natürlich wäre ich sofort einverstanden, wenn er meinte, daß man sich gegen die Oberflächlichkeiten in engagierten Liedern oder Gedichten wende, die dem Dichter dabei unterlaufen können. Das sehe ich auch bei mir kritisch und gehört immer wieder auf den eigenen Prüfstand. Das Herumirren und daß man den Boden unter den Füßen verliert, was Biermann damit bei sich verbunden sieht[18], glaube ich, ist nicht unbedingt zwangs läufig. Selbstverständlich gibt es in seiner Biographie genügend Anlässe, die solche Effekte als ganz menschlich erscheinen lassen, und auch vielen anderen wäre es so gegangen. Es gehörte doch erheblich Mut dazu, aus den spätstalinistischen Fahrrinnen im Osten auszubrechen.

Ohne daß ich weitere Hintergründe benennen kann, sei eine Behauptung angeführt, die von Marcel Reich-Ranicki stammt. Er meint, daß alle Gedichte, die politisch wirken, keine Dichtung wären. Stellt sich zunächst die Frage, welche politischen Gedichte haben Einfluß auf die Politik? Schon das ist in den meisten Fällen schwer zu beantworten, selbst wenn er indirekt nachzuweisen wäre. Darüber hinaus meint er, Dichtung habe keinen realen Einfluß auf die Politik. Ich hege Zweifel an der Meßbarkeit solcher Parameter, und überdies müssen die je konkreten Umstände berücksichtigt werden.[19] Wie wertet man vor so einer These etwa das „Requiem" über den Terror in der stalinschen Ära von Anna Achmatowa und einige andere ihrer Gedichte? Das ist ziemlich sicher Dichtung und ganz gewiß nicht unpolitisch. Ähnlich auch der „Große Gesang" von Pablo Neruda. Bei diesem monumentalen Werk sind an vielen Stellen politische Strecken enthalten, wie immer man diese heute bewerten mag. Die Wirkung Nerudas insgesamt war gewiß auch politisch, wenn man seine Biographie betrachtet. Es sind nicht zuletzt bei Bertolt Brecht zahlreiche Gedichte, die er gegen Hitler und das faschistische Regime geschrieben hat, die mir selbst mit am besten gefallen.

Ich glaube, daß alle die Barrikaden, die gegen das politische Gedicht aufgetürmt werden hier und da, die heutige Generation beiseite räumen muß, selbstverständlich mit Augenmaß. Es geht nicht darum, leichtfüßige Propaganda in Gedichtzeilen zu formen, womöglich noch jenseits sprachlicher Kunstform. Der Dichter muß sich selbst intensiv mit den vielen Schichten der politischen Dimension auseinandersetzen als jemand, der kritisch hinterfragt, der nicht hereinfällt auf die vielen Vorurteile und Politikphrasen. Das bedeutet in jedem Fall auch ständige Selbstentwicklung. Wo sind die dünnen Stellen in der eigenen Anschauungsweise? Was ist an der eigenen Perspektive zu korrigieren? Das lohnt sich immer wieder zu überprüfen. Auch sollte man riskieren, sich von dem, was man versucht in dichterische Form zu bringen, vom Rohmaterial zu neuen Wegen inspirieren lassen, in der eigenen Sprache die Stolpersteine wahrnehmen und nicht verdrängen. Die Wissenslücken oder das Halbwissen, das man immer in großem Umfang mit sich herumschleppt, können gerade dabei unangenehme Nebenwirkungen entfalten. Dessen sollte man sich bewußt sein. Womöglich muß man das eine oder andere Thema auch erst mal liegen lassen, obwohl man es gern bearbeiten würde, gewissermaßen als Selbstschutz. Vielleicht ist es besser, den Stoff später noch einmal aufzugreifen und ihn in einer neuen, besseren Gedichtidee aufzunehmen. Manches bleibt in der Warteschleife und kommt später ganz anders zum Zuge. Etwa beim Gedicht „Die Terrormacher" mußte ich mehrfach neu ansetzen, und immer blieb es liegen, bis ich nach drei Jahren eine Fassung hatte, die ungefähr die Spitzen und den Blickwinkel aufwies, auf die ich hinaus wollte.

Besonders wichtig dürfte sein, man sollte vermeiden, Gedichte wie am Fließband zu schreiben. Gute Gedichte brauchen Denkpausen, sie brauchen Konzentration. Einzelne Werke und ihnen zugrunde liegende Ideen benötigen viel Zeit, während andere schon in einem selbst angelegt sind und nur darauf warten, in Zeilen zu einem Ganzen gefertigt zu werden. Bevor sie das Licht der Welt erblicken, wollen aber auch sie vorbereitet sein. Überdies kommt kein Dichter herum um die Aufgabe: Es empfiehlt sich sein eigenes, unverwechselbares Format herauszubilden und immer wieder neu zu erfinden mit fortschreitender Zeit. Man muß eine Vision von seinen eigenen Möglichkeiten entfalten und sich in eine Leitfigur hineinschreiben, sich selbst ermutigen, an die je verschiedenen Grenzen heranzuschreiben und sie für neue Horizonte und Grundrisse zu überwinden.

Der Dichter sollte sein Natur-Ich so mit Weltwirklichkeit aufladen können und mit dem lebendigen Widerspruch in seiner Gesellschaft durchwachsen, meint Wolf Biermann, daß er ungeniert von sich berichten kann. Dabei trifft der Dichter dennoch zumeist den Punkt, der andere Menschen tief bewegt. Das Leben des lyrischen Dichters stünde so im Blickfeld, daß dieses selbst wie ein Gedicht erscheinen müßte.[20] In der Tat, der Dichter braucht ein verwendbares Kunst-Ich, die Dimension seines eigenen geistig-seelischen Horizonts spiegelt sich in seinem Repertoire. Dieses Fundament ist unerläßlich, ganz besonders in der politischen Dichtung.

Eine andere Frage ist, ob der Dichter sich nur auf dieses Ich zurückziehen kann. Gedichte sind prinzipiell auch von anderen Bewußtseinsebenen her geprägt. Magische Anteile wird man in vielen Gedichten finden, ebenso wie man aperspektivische, ich-freie Anschauungsweisen hervorbringen kann, wenn man der Logik in Jean Gebsers Philosophie folgen will. Letztere Bewußtseinsverfassung überwindet das Ich im Ich, ohne es zu negieren. Wie auch immer, ich glaube nicht, in jedem Gedicht müßte das Ich hervortreten. Daß es trotzdem immer da ist, auch wenn es sich nicht benennt, ist unstrittig.

Ob man dem Leser oder Hörer mit der eigenen Dichtkunst immer so nah wie möglich sein sollte, scheint mir nicht mit einem klaren „ja" beantwortbar. Dies wäre zu naiv. Sicher ist es optimal, wenn ich ihn mit meinen Arbeiten bewegen bzw. anstoßen kann. Mir ist aber klar, ein und dasselbe Gedicht trifft auf ganz verschieden geartete Leser. Dem einen gefällt es, dem anderen nicht. Also allein das kann nicht der Maßstab sein. Ich finde schon, man sollte den Leser auch das eine oder andere Unbequeme testen lassen. Man muß ihn regelrecht dazu animieren, sich auf eine neue, ungewohnte Sicht einzulassen.

Daß der ein oder andere konservative Zeitgenosse harten Tobak bei mir bekommt und das ganze Politische für ungenießbar hält, stört mich nicht im geringsten. Dieses Leiden gönne ich ihm. Meine Aufgabe ist es nicht, den Massen nach dem Mund zu schreiben, sondern neue Denkräume zu erschließen. Dafür eignet sich das politische Gedicht besonders gut. Für mich sind es geradezu Brutstätten der Selbstveränderung, neuer Ideen und Sichtweisen, und das ganz sicher nicht nur auf der politischen Achse. In diesem Kontext wird man auf dichtestem Raum immer wieder vor neue Herausforderungen gestellt, muß sich unbekannte Areale erschließen.

Sehr schön faßte diese Aspekte auch der russische Dichter Alexander Puschkin zusammen. Die erste Strophe seines Werkes „Dem Dichter" sei dem Lesepublikum hier nicht vorenthalten, und es will so gar nicht nach dem Entstehungsdatum 1830 klingen, sondern beinahe viel moderner. Die nachfolgenden Strophen sind ähnlich klar und deutlich, lohnend gelesen zu werden.

„Poet! An Volkes Gunst sei nimmer dir gelegen.
Des Lobs, des Preises Lärm rauscht nur zu schnell vorbei;
Dir schlägt der Dummheit Spruch, der Menge Spott entgegen,
Doch du bleib stark und fest, und bleib dir selber treu."[21]

Im folgenden will ich versuchen, mit einer biographischen Spurensuche und einigen politischen Anmerkungen fortzusetzen. Es stellt sich die Frage, wie kommt man dazu politische Gedichte zu schreiben? Man könnte sich das nun bei den verschiedenen Dichtern, die in Frage kommen, ansehen. Vielleicht ist es aber interessanter ein paar bescheidene eigene Auskünfte zu erteilen. Es bedurfte einer ganze Menge Faktoren, bevor diese Option überhaupt vorstellbar wurde. Mein erstes umfassendes Gedicht hatte jedenfalls mit Weihnachten und Natur zu tun. Drei Texte konnte ich mit ein wenig zeichnerischer Zugabe in etlichen Exemplaren als Blatt für den Weihnachtsgottesdienst beim örtlichen Pastor vervielfältigen. So fing es wohl an.

Ich war 13 Jahre alt, hatte auf Bauwagen geschrieben „Stasi raus". Ein zweites Sperrgebiet mit Zaun für eine Schule der Sicherheitsorgane war um die landschaftlich schönen Berge angrenzend an meinen Wohnort gezogen worden, und ich hatte Vorschläge gemacht, man könnte doch dort eine Ausflugsgaststätte stattdessen bauen. Sperrgebiete gab es schon mehr als genug in unserer Gegend. Die außer Betrieb gesetzte Baumaschine fiel natürlich nicht vorteilhaft aus, ebenso wenig, daß noch Jüngere beteiligt waren, die ich angestiftet hatte. Die Sache ging glimpflich aus, wurde weitgehend totgeschwiegen, weil sie öffentlich höchst brisant gewesen wäre. Üblicherweise wurden solche groben Vergehen beim Fahnenappell auf dem Schulhof benannt, ich hatte damals Angst, daß dies passieren könnte. Später wurde mir klar, wie sehr sie sich damit ins eigene Kontor gehauen hätten. Etwa zur selben Zeit waren zwei Jungen aus meiner Schulklasse in einen Bungalow eingebrochen, das wurde wie beschrieben ausgewertet. Jedenfalls war es doch diese Konfliktlage, die dafür sorgte, daß man sich produktiveren Dingen zuwandte: bessere Noten zu bekommen, und ich begann Gedichte zu schreiben. Eine Lehrerin sorgte dafür, daß ich zum regionalen Literaturklub Kontakt bekam. Schon als ich in die dritte oder vierte Klasse ging, hatte ich einstweilen für kurze Zeit die Idee, Schriftsteller, das wäre doch eine anstrebenswerte Beschäftigung für mich, wenn ich später groß bin.

Politische Gedichte blieben die Ausnahme. Es gab ein Friedensgedicht, das ich auch öffentlich vorgetragen hatte, aber das war auch alles. Westliche Atomraketen, gerichtet eben auch auf die DDR, erschienen mir, jenseits der offiziellen scheinsozialistischen Maskerade, eine erhebliche Bedrohung. Von daher befürwortete ich Gorbatschows einseitige Abrüstungspolitik etwas später auch sehr begeistert. Nur so konnte es gehen: Auch den Westen zur Abrüstung zu zwingen. Hinzu kam womöglich, vermutlich nicht nur wegen meinem begrenzten Enthusiasmus für sportliche Leistungen, hatte ich eine tiefe Abneigung gegen alles Militärische. Das fing an beim Handgranatenwerfen im Sportunterricht und reichte bis hin zur vormilitätrischen Ausbildung, die schon in der Schule begann, und die ich wie die Pest haßte.

Ungefähr mit 18 muß ich auf einen Gedichtband von Erich Fried gestoßen sein, ein Hinweis von einer Brieffreundin. Das hatte erste spärliche Experimente im politischen Bereich ausgelöst, blieb aber zunächst ohne Folgen. Die DDR existierte zu diesem Zeitpunkt noch, und meine Wünsche nach einer Perestroika hierzulande verfaßte ich eher als Leserbrief, Beitrag oder Flugblatt. Das setzte sich nach der Wende auf veränderte Weise fort und mündete in viele ökologische Texte. Dafür nun wieder waren die Lektüre von Robert Havemanns „Morgen" und daran anschließend Bücher von Rudolf Bahro entscheidend, speziell „Logik der Rettung". Die Regimekritik an den DDR-Verhältnissen bei Havemann und Bahro ist sicher eine der wichtigen Quellen, die die Voraussetzungen für „Republik der Falschspieler" mit geformt haben, wenn man nach den Ursprüngen sucht.

Über mehrere Jahre entstanden bei mir keine Gedichte mehr. Es gab einen markanten Konflikt, wie darf man Gedichte schreiben und wie nicht, der auch noch lange anhielt und bremste. Nicht weniges, was ich an moderner Lyrik kannte, paßte überhaupt nicht zu meinem Wesen und meiner Auffassungsart, gleichwohl sich auch meine Wahrnehmung mit der Zeit veränderte. In jedem Fall war Erich Fried wiederum Anstoß, 1995 erneut Gedichte zu schreiben, auch vorher gab es einzelne Versuche. Seitdem ist die Motivation dafür nicht mehr abgebrochen. Mein Studium der Politikwissenschaften später sorgte für noch mehr Auftrieb und zahlreiche Gedichtideen. Seit 1987 hatte ich auch immer wieder Kontakt zum Lyrikzirkel, der von Ulrich Grasnick geleitet wurde und wird. Insbesondere sein Band „Der vieltürige Tag", aber auch einige Liebesgedichte gefielen mir sehr gut. Drei Poetenseminare und andere Möglichkeiten, die vom Bezirk Frankfurt/ Oder zu DDR-Zeiten organisiert wurden, erlangten offensichtlich Langzeitnutzen. Es wäre gut, wenn es so etwas heute auch gäbe.

Von 1986 bis zur Wende las ich vorzugsweise Romane und Erzählungen – Tschingis Aitmatow, Lew Tolstoi, Michail Scholochow, Christa Wolf, Volker Braun, Hermann Kant u.v.a. Natürlich interessierte mich alles, was mit Perestroika zusammenhing. Mit dem politischen Systemwechsel erlangten politische und ökologische Sachbücher absolute Dominanz. Zudem besuchte ich zwischen 1990 und 1997 das Studium generale bei Rudolf Bahro an der Humboldt-Universität, wo zahlreiche weitere Einflüsse wirksam werden, darunter die sozialpsychologischen Aspekte von Individuum und Gesellschaft, die man zum Teil in „Umstellt. Sich umstellen" reflektiert findet. Wenn ich zurückdenke, so unterliegen meine Gedichte einem stetigen Wandel, und das ein oder andere Experiment ist hinzugekommen.

Als sich abzeichnete, Gedichte entstehen in erheblichem Umfang, war ich immer stärker bemüht mich halbwegs zu qualifizieren, vor allen Dingen mehr Gedichte zu lesen. Bei Bertolt Brecht faszinierten mich Gedichte wie „Die Lösung", wo er nach dem Aufstand des 17. Juni der Regierung empfahl, sich ein anderes Volk zu wählen. Es wäre interessant gewesen, wenn er noch mehr und kritischere Gedichte hätte schreiben können in Bezug auf die DDR.

Bei Tucholsky findet man viele politisch-kabarettistische Spitzen, die auch mich ermutigt haben, das eine oder andere auszutesten, ich denke da nur an „Abgegrünt", „Schwarze Ampel" und andere Beispiele, die man finden wird. Hier kommt hinzu, daß ich in völlig unregelmäßiger Form kreuz und quer reime. Mir scheint, das ermöglicht größere Überraschungsmomente und birgt für den Autor mehr Spielräume. Bei Tucholsky gefallen mir Gedichte wie „Arbeit für Arbeitslose", „Wollt ihr die Dummen sein?", „Haben sie schon mal ...?", „Feldfrüchte", „Mutterns Hände", „Wo bleiben deine Steuern - ?" oder „Opposition! Opposition". Besonders engagiert auch seine Versuche vor dem Hitlerfaschismus zu warnen − „Deutschland erwache!" oder „Joebbels". Das ist natürlich nicht vollständig, nur um mal ein paar „Adressen" zu geben.

Wenn man nicht nur die politische Seite betrachtet, sind die Einflüsse natürlich sehr viel breiter. Die Einführungsvorlesung an der Freien Universität in meinem Anfangssemester hielt Robert Gernhardt, dessen Gedichte ich daraufhin las. „Der Große Gesang" von Pablo Neruda war einer der Anstöße für mein Poem zur ökologischen Zivilisationskrise. Heute lese ich Gedichte völlig anders als früher. Ich suche ganz gezielt nach Formen und Elementen, die man auf eigene Weise auch für sich selbst verwenden kann, und störe mich weniger an Gedichten, die mich nicht berühren, mir nichts sagen oder mir zu wenig sagen oder keine Reibungsfläche bieten.

Literatur muß auch auf gesellschaftliche Veränderungen reagieren, sie registrieren. Sie kann der Zivilgesellschaft Impulse geben, zum Umdenken anregen. Seit dem Umbruch von 1989 veränderten sich die westlichen Regime in erheblichem Ausmaß. Das Gesicht Deutschlands wandelte sich. Militärische Einsätze in vielen Staaten sind wieder möglich. Daß von deutschem Boden nie wieder Krieg ausgehen sollte, hat die Politik längst verdrängt. Mag der Staat auch noch so hoch verschuldet sein, für Militäreinsätze mangelt es nicht an Finanzen, die Bürger zahlen ja. Mit der Abschaffung des Asylrechts hat die politische Kaste sich klar als fremdenfeindlich geoutet, immer wieder werden Fälle bekannt, bei denen die deutsche Abschiebepraxis tödliche Nebenwirkungen hat.

Wir leben in einer Gelddiktatur, die plutokratischen Tendenzen nehmen immer mehr zu, das demokratische Grundgerüst wird Meter um Meter abgetragen, was die eine oder andere Gegentendenz nicht verleugnen soll. Die Sucht zur Selbstbereicherung wurde schamlos. Für mich bleiben Gesellschaften, die einen Pol auf Kosten des anderen entwickeln, Ausbeuterordnungen. Sticht dieser Aspekt nicht so sehr hervor und wird durch andere zivilisatorische Errungenschaften teilweise kompensiert, mag das Bild schöner aussehen. Es ist der Blick auf eine gesellschaftliche Landschaft, die bereits im Untergehen begriffen ist. Vielen scheint dies noch nicht richtig klar geworden zu sein. An immer mehr Stellen fängt das System an von innen zu erodieren.

Es wird wohl nicht reichen festzustellen, man sei kein Demokrat mehr, wie Günter Gaus dies am Ende seines Lebens tat. Er kritisierte die Verflachung der Politik in den Massenmedien. Geübte Wahlkampfanimateure sorgen für reichlich Zerstreuung. Demokratie setze voraus, sich gelegentlich anzustrengen, um mehr Einsicht in politisches Handeln und dessen Folgen zu erlangen. Aus dem gesellschaftlichen Zusammenwirken von Wählern und Gewählten wird immer mehr eine Schauveranstaltung, die zudem von bestimmten gesellschaftlichen Gruppen interessengesteuert ist.[22]

Zunehmend werden politische Entscheidungen von europäischen Gremien getroffen und den nationalen Parlamenten entzogen. Nur sind die europäischen Strukturen alles andere als

demokratisch. Das dortige Parlament kann hier und da mitent-
scheiden, ist aber über weite Strecken ein Scheinparlament, völlig
abhängig von der Brüsseler Bürokratie und den nationalen Regie-
rungen. Der Bürger ist völlig entmachtet und wir kehren faktisch
zu einem vordemokratischen Regimezustand zurück. Erschwe-
rend kommt hinzu, dass hier gleich über die Köpfe von 25 Län-
dern gleichzeitig hoch zentralistisch hinweggeregiert wird. Ein sol-
cher Zustand, da gebe ich Hermann Scheer recht, kann sehr
schnell zu antieuropäischen Eruptionen führen.[23] Gewiß, nicht
jede Entscheidung, die in Brüssel gefällt wurde, ist in der Sache
kritisierenswert. Deutschland hat bei seiner geschichtlichen Ver-
gangenheit guten Grund, partnerschaftlich mit anderen euro-
päischen Ländern zusammenzuarbeiten und kulturellen Aus-
tausch zu pflegen. Jedoch einer EU-Verfassung, die einen großen
Rückschritt in den demokratischen Regularien darstellt, sollte
niemals zugestimmt werden. Da in Deutschland nur eine sehr
beschränkte parlamentarische Demokratie existiert, werden die
Bürger erst gar nicht gefragt, ob sie diese Entkernung ihrer poli-
tischen Rechte wollen. Frankreich und andere Länder sind dies-
bezüglich schon einen Schritt weiter.

Ja, den Guten und den Schlauen müssen wir vertrauen, nicht den
falschen Trompetentönen der Wahlkampfmaschinen und sonsti-
gen Parteidemagogen. Allein Stephan Krawczyks Vorschlag in
einem seiner Lieder, Wahlsonntags im Bett zu bleiben, wird uns
auf Dauer nicht weiter helfen.[24] Ebenso wenig dürfte es ausrei-
chen, nur die Fettlebe einiger Politiker aufs Korn zu nehmen, so
sehr das nötig ist.[25] Die Höhe der Diäten hat jedes vernünftige
Maß verlassen, von einigen anderen Einnahmen ganz zu schwei-
gen.

Die Innenminister Schily und Schäuble sind emsig damit
beschäftigt bzw. beschäftigt gewesen, den totalen Überwachungs-
staat Stück um Stück aufzubauen. Jedes Telefongespräch kann
mühelos vom Großohr Staat abgehört, zudem viele Bewegungen
per Video überwacht werden. Jeder private Computer läßt sich
ausforschen. Stasichef Erich Mielke würde geradezu vor Neid
erblassen bei den Möglichkeiten, die seine Nachfolger auf der
Schnüffelstrecke bis hin zum elektronischen Fingerabdruck etc.
in die Wege leiten wollen, sofern sich dem nicht noch genügend
Menschen entgegenstellen.

Mit dem Hartz-IV-Gesetz und vielen anderen Maßnahmen des
Sozialabbaus ist in Deutschland die Armut deutlicher sichtbar

geworden, auch wenn dies eine völlig andere Armut ist, geradezu ein Reichtum, gegenüber denjenigen, die millionenfach an den Peripherien dieser heutigen Zivlisation verhungern oder anderen Leiden, die mit Armut in Verbindung stehen, erliegen. Einige Gedichte in „Republik der Falschspieler" zeigen an, was ich befürchte: Es ist der Anfang einer Spirale, die Arm und Reich in völlig ungekanntem Ausmaß spalten wird, sofern die Zivilgesellschaft nicht massiv bis hin zum Volksaufstand mobil macht dagegen.

Auch das westliche Deutschland kann ganz schnell seinen „17. Juni" bekommen, so wie ihn die stalinistische DDR-Obrigkeit vom Volk verabreicht bekam, selbst wenn hier und da westliche Unterstützung mit im Spiel gewesen sein mag. Die politische Klasse in Deutschland sollte rechtzeitig den damaligen Tip von Bertolt Brecht beherzigen und sich ein neues Volk beschaffen, wenn sie so weitermachen will wie bisher. Das aktuelle Parteiensystem wird immer unglaubwürdiger und verlogener, auch bei den Grünen und der Linken grassieren politischer Opportunismus und Kleingeisterei, was den einen oder anderen sinnvollen politischen Vorschlag selbstverständlich nicht in Abrede stellt und den Mut zu Veränderung in den Parteien nicht diskreditieren will. Aber das große Ganze stimmt nicht mehr. Auch dort pflügen die Parteimaschinen um, was nicht in ihre Machtstrategie paßt.

Eine unverkennbare Arroganz der Politik gegenüber der Bevölkerung bildete sich in der Berliner Republik heraus. Sie probiert sich in den verschiedensten Spielarten aus. Solche Prozesse müssen sich natürlich auch in politischer Literatur widerspiegeln, sie muß offensiv darauf reagieren und kann nicht mit einem opportunistischen Verhalten im Abseits stehen. Sie muß ihre Kritik stärker herausbilden, und das kann sicher auf verschiedene Weise geschehen. Solche konkreten zeitbedingten Einflüsse lenken auch die Form politischer Gedichte. Viele in „Republik der Falschspieler" enthaltene Gedichte hätte ich vor zehn Jahren so nicht schreiben können, und ganz gewiß nicht deshalb, weil ich damals politisch zahmer gewesen wäre. Es hat sich einfach neues gesellschaftliches Konfliktpotential herausgebildet.

Sich der politischen Klasse zur Verfügung zu stellen, wie Günter Grass mit einer Zeitungsanzeige und dem Votum für Hartz IV das zusammen mit anderen getan hat, ist schon eine ziemliche politische Dummheit. Wenn man nicht von 345 Euro leben muß

– und gerade bei den Grundbedürfnissen schnellen die Preise immer schneller nach oben, nicht nur die Energiekosten, da lassen sich kluge Reden schwingen. Nichts gegen einen bescheidenen Lebenstil, wir werden uns ökologisch ohnehin gründlich umstellen müssen. Wenn aber eine Gesellschaft derart sozial polarisiert, wie das jetzt geschieht, so nimmt das kein gutes Ende. Ich habe auch Artikel von Grass gelesen, die mir anzeigen, ihm ist klar, daß die demokratischen Strukturen in Deutschland einem starken Erosionsprozeß unterliegen, und daß er es eigentlich besser wissen könnte. Es sei dem hinzugefügt: Ich habe zumindest alle Romane von ihm, die in der Nachwendezeit erschienen sind, gelesen und schätze sie durchaus. Einige alte Gedichte, die ich in den Fokus meiner Kritik genommen habe, negieren diese Wertschätzung ganz gewiß nicht.

Das westliche Systemmodell ist vor dem Panorama der ökologischen Weltkrise kriminell bis auf den Grund. Sicher, man soll die Gesellschaft verändern und verbessern mit dem Ziel totalitäre Abgänge zu verhindern, aber man muß sich darüber im klaren sein, dieses kapitalistische Kulturmodell ist an eine historische Wegscheide gelangt. Man kann die freie Marktwirtschaft und Bereicherungssucht so zurichten, daß dies Ganze in einen kapitalistischen Extremismus mündet, daß die Freiheit des Marktes den Boden unter den Füßen verliert und das Haus zerschlägt, in dem sich wohnen ließe. Die meisten weigern sich so vehement wie einst viele Mitläufer des braunen Regimes, ihren eigenen Anteil am kommenden ökologischen Untergang zur Kenntnis zu nehmen. Es ist wohl nur zu wahrscheinlich, die politischen Systeme auf dem Weg dorthin werden nicht sehr angenehm sein, gleichwohl natürlich jeder Bürger und jede Bürgerin in der Pflicht stehen, an einer gesellschaftlichen Kulturbewegung teilzunehmen, die Alternativen dazu den Weg ebnet. Ob es noch gelingt eine ökologische Zukunftsordnung aufzubauen, bei Wahrung sozialer Balance, entscheidet darüber, ob von unseren Städten, Dörfern und Feldern mehr übrig bleibt als Wüstenlandschaften und Ruinen. Es gibt zahlreiche Indizien, das Zeitfenster für eine ökologische Zeitenwende könnte längst geschlossen sein und es bricht die Ära an, in der der Rückzug des Menschen durch die ersten Einschläge der Klimakatastophe beginnt.

Das politische Gedicht und das politische Lied muß sich damit auseinandersetzen, eine von fossilen und atomaren Kräften entfesselte Industriezivilisation scheint sich fast unaufhaltbar ihrer ökologischen Richtstatt zu nähern und unzählige Millionen Menschen in den Klimatod zu schicken. Dazu muß Stellung bezogen werden. Das Schlafen mit offenen Augen muß ein Ende haben. Immerhin einige Lieder von Stephan Krawczyk schaffen es diese Dimension einzufangen, besonders auf seiner CD „Terrormond". Auch Lieder wie „Waldmenschen" und „Käufe nach dem Gau" von anderen CD-Aufnahmen gefallen mir sehr gut. Literatur muß Verantwortung übernehmen und warnen und zeigen, was möglich ist. Sie kann versuchen zu retten, was zu retten ist. Niemand sollte später sagen können frei nach Brecht: Warum haben die Dichter geschwiegen?

2004/2007

[1] Wolf Biermann; Wie man Verse macht und Lieder. Eine Poetik in acht Gängen, 1997, S. 127

[2] Günter Grass; Die Gedichte 1955-1986, 1988, S. 182 f.

[3] Erich Fried; Ist „Ausgefragt" fragwürdig?, konkret, Nr. 7/1967

[4] Tilmann von Brand; Öffentliche Kontoversen um Erich Fried, 2003, S. 37

[5] Erich Fried; Die Muse hat Kanten. Aufsätze zur Literatur, 1995, S. 34, 69, 77

[6] Erich Fried; Die Muse hat Kanten. Aufsätze zur Literatur, 1995, S. 74

[7] Ales Rasanau; Zeichen vertikaler Zeit, 1995

[8] Erich Fried; Anläufe und Anfechtungen. Gespräch mit Erich Fried (Hanjo Kesting), in: Rudolf Wolff (Hrsg.); Erich Fried. Gespräche und Kritiken, 1986, S. 38

[9] Die höchste Auflage hat späterhin sein Band mit Liebesgedichten unter dem Titel „Als ich mich nach dir verzehrte"

[10] Christiane Jessen, Volker Kaukoreit, Klaus Wagenbach (Hrsg.); Erich Fried. Eine Chronik. Leben und Werk: Das biographische Lesebuch, 1998, S. 72

[11] Peter Härtling; Gegen rhetorische Ohnmacht. Kann man über Vietnam Gedichte schreiben; in: Rudolf Wolff (Hrsg.); Erich Fried. Gespräche und Kritiken, 1986, S. 151 ff.

[12] Peter Härtling; Gegen rhetorische Ohnmacht. Kann man über Vietnam Gedichte schreiben; in: Rudolf Wolff (Hrsg.); Erich Fried. Gespräche und Kritiken, 1986, S. 154 f.

[13] Wolf Biermann; Wie man Verse macht und Lieder. Eine Poetik in acht Gängen, 1997, S. 172

[14] Wolf Biermann; Wie man Verse macht und Lieder. Eine Poetik in acht Gängen, 1997, S. 75

[15] Wolf Biermann; Klartexte im Getümmel. 13 Jahre im Westen. Von der Ausbürgerung bis zur Novemberrevolution, 1990, S. 179-182

[16] Wolf Biermann; Paradies uff Erden. Ein Berliner Bilderbogen, 1999, S. 87-89

[17] Wolf Biermann; Heimat. Neue Gedichte, 2006, S. 76 f., S. 141 f.

[18] Wolf Biermann; Wie man Verse macht und Lieder. Eine Poetik in acht

Gängen, 1997, S. 15

[19] Marcel Reich-Ranicki; Ein deutscher Dichter. Zum Tode von Erich Fried, Frankfurter Allgemeine Zeitung, 24.11.1988

[20] Wolf Biermann; Wie man Verse macht und Lieder. Eine Poetik in acht Gängen, 1997, S. 94

[21] Alexander Puschkin; Die Gedichte. Russisch und deutsch (Hrsg. Rolf-Dietrich Keil), 1999, S. 723

[22] Günter Gaus; Warum ich kein Demokrat mehr bin. Über die politische Kultur der Gegenwart, Freitag Nr. 22/2004

[23] Hermann Scheer, Die Politiker, 2003, S. 148

[24] Stephan Krawczyk: Terrormond (CD), 1993 (betrifft das Lied „Wahl")

[25] Stephan Krawczyk: Heute fliegt die Schwalbe hoch, 2004 (betrifft das Lied „PoliTick")

Inhalt

Marko Ferst

Geboren 1970 in Rüdersdorf bei Berlin, beruflich als Tischler/ Bilderrahmer gearbeitet. Von 2000 bis 2004 Studium der Politischen Wissenschaften an der Freien Universität Berlin, 1994 die Ökologische Plattform im linkspolitischen Spektrum mitbegründet. Veröffentlichungen in Tages- und Umweltzeitungen. Von 1990 bis 1997 die Abendvorlesungsreihe „Sozialökologie" an der Berliner Humboldt-Universität besucht und an begleitenden Seminaren teilgenommen.

Lesungen von Gedichten oder Vorträge zur ökologischen Thematik können angefragt werden unter: Marko Ferst, Köpenicker Str. 11, 15537 Gosen, Telefon 03362/882986, marko@ferst.de

Aktuelle Informationen: **www.umweltdebatte.de**

Veröffentlichungen

Einzug in die Stille. Erzählung, 2021

Brücken ins Land. Erzählungen, 2021
(mit Sabine Naumann, Elisabeth Gehring, Fritz Leverenz u.v.a.;
Herausgeber des Bandes)

Bis dein Blick Meer wird. Gedichte, 2019
(mit Sigune Schnabel, Ulrich Grasnick, Günter Kunert u.v.a.)

Jahre im September. Gedichte und Erzählungen, 2017

Nabereschnyje Tschelny. Mitten in Tatarstan. Portrait einer russi-
schen Stadt (Bildband), 2015

Seltenes spüren. Gedichte, 2014
(mit Ulrich Grasnick, Elisabeth Hackel, Günter Kunert u.v.a.)

Die Ostroute. Erzählungen, 2014
(mit Andreas Erdmann, Monika Jarju u.v.a.; Herausgeber des
Bandes)

Täuschungsmanöver Atomausstieg? Über die GAU-Gefahr, Ter-
rorrisiken und die Endlagerung, 2007

Umstellt. Sich umstellen. Politische, ökologische und spirituelle
Gedichte, 2005

Die Ideen für einen „Berliner Frühling" in der DDR. Die sozi-
alen und ökologischen Reformkonzeptionen von Robert Have-
mann und Rudolf Bahro (Hefte zur DDR-Geschichte 91), 2005
(Bezug: www.helle-panke.de)

Wege zur ökologischen Zeitenwende. Reformalternativen und
Visionen für ein zukunftsfähiges Kultursystem, 2002 (mit Franz
Alt und Rudolf Bahro)

Erich Fromm als Vordenker. „Haben oder Sein" im Zeitalter der
ökologischen Krise, 2002 (mit Rainer Funk, Burkhard Bierhoff
u.v.a.; Herausgeber des Bandes)

Marko Ferst

Umstellt. Sich umstellen

Politische, ökologische und spirituelle Gedichte

Leseproben: www.umweltdebatte.de

Edition Zeitsprung, 160 Seiten

Die Gedichte des Autors gehören zu den provokativsten politischen Gedichten seit Erich Fried. Eine lebensnahe Mystik geht bei ihm fast nahtlos in radikale Gesellschaftskritik über. Er fragt nach einem Zeitalter, das über herkömmliche religiöse Vorstellungen hinausweist, schreibt über die Musik Arvo Pärts, nimmt uns mit in den wendländischen Widerstand gegen einen unbändigen Atomstaat. Darüber hinaus kritisiert er politische Zustände in den USA und in dem von China besetzten Tibet. Unbequeme Fragen stellt er an die NATO-Länder zum Kosovokrieg und prangert die Strukturen an, die in weiten Teilen der Welt zu Verelendung führen. Die deutsche Einheit gerät in seinen Blick, und die Sorge um den Erhalt der ökologischen Gleichgewichte bleibt in vielen Passagen des Bandes überaus deutlich präsent. Liebesgedichte und Gedichte zu innerem Wachstum nehmen umfangreichen Raum ein. Die Erzählung „Der Freund und das Fensterkreuz" schließt den Band ab. Im Rahmen eines deutsch-polnischen Literaturwettbewerbs erhielt sie einen Preis.

Rainer Funk
Marko Ferst
Burkhard Bierhoff

Erich Fromm als Vordenker

„Haben oder Sein" im Zeitalter der ökologischen Krise

Leseproben:
www.umweltdebatte.de

Edition Zeitsprung, 224 Seiten

Als Psychotherapeut, Sozialwissenschaftler und Philosoph gehört Erich Fromm zu den wegweisenden Gestalten des 20. Jahrhunderts. Er ist ein prominenter Diagnostiker der Krisen der westlichen Welt, ein Kritiker unseres konsumistischen Lebensstils und von gesellschaftlichen Zuständen, in denen nicht der Mensch, sondern das schnelle Plusmachen im Mittelpunkt steht. Die Werte des Seins wollte Fromm über denen des Habens angesiedelt wissen. Er dachte so unterschiedliche Geisteswerke wie die von Sigmund Freud, Karl Marx, Baruch de Spinoza und Meister Eckhart zusammen, im Sinne des Hegelschen Aufhebens. Eine erneuerte Psychoanalyse und marxistische Soziologie bekommen bei ihm ganz eigene Wesenszüge.

In dem vorliegenden Band wird eine Auswahl von Beiträgen vorgestellt, die sich mit dem Spannungsfeld „Haben oder Sein" auseinandersetzen und welche Potentiale die innere Aufklärung, sozialpsychologischer Wandel bereithalten könnte, um die drohende ökologische Selbstzerstörung des Menschengeschlechts vielleicht noch abwenden zu können. Aber auch Themen wie Religion, Schule und ein alternatives Wirtschaftssystem kommen zur Sprache.

Autoren des Bandes sind:
Burkhard Bierhoff, Marko Ferst, Erich Fromm, Rainer Funk, Maik Hosang Helmut Johach, Heike Koall, Roman Kotliar, Milan Machovec, Rainer Otte, Johannes Rau, Hans Jürgen Schultz, Helmut Wehr

Die Bestellung aller Bücher ist direkt beim Autor möglich:
Marko Ferst, Köpenicker Str. 11, 15537 Gosen, Telefon 03362/882986,
marko@ferst.de

Franz Alt
Rudolf Bahro
Marko Ferst

Wege zur ökologischen
Zeitenwende

**Reformalternativen und Visionen
für ein zukunftsfähiges
Kultursystem**

Leseproben:
www.umweltdebatte.de

Edition Zeitsprung, 340 Seiten

Die ökologische Krise droht der menschlichen Zivilisation eine Richt-
statt zu bereiten. Ohne einen Quantensprung in der Politik ist eine
globalökologische Rettung völlig aussichtslos. Dabei könnten die
ersten Schritte in wenigen Jahren getan sein. Würden wir sämtliche
Energie, die wir nicht einsparen können, über Solartechnik, Wasser-
kraft, Windkraft und aus Biomasse gewinnen, hätten wir schon ein
gutes Stück Zukunft gesichert. Wir werden aber auch die Material-
ströme, die wir durch unsere Industriegesellschaft pumpen, auf einen
Bruchteil zu reduzieren haben. Mit einer globalisierten Wettbewerbs-
ökonomie, die auf permanentem Wachstum fußt und einen Pol auf
Kosten des anderen Pols entwickelt, wird die Todesspirale nicht auf-
zuhalten sein.
Der erforderliche ökologisch-soziale Strukturwandel müßte umfas-
sender sein als alle vorhergehenden Umwälzungen und Reformen in
der Menschheitsgeschichte. Der Reichtum der Industriestaaten steht
auf tönernen Füßen, der Wohlstand von drei, vier Generationen
wird immer wahrscheinlicher mit Jahrhunderten Siechtum und Elend
bezahlt werden. Angesichts dieser prekären Lage steht die Frage
nach Alternativen dringender als je zuvor auf der Tagesordnung
der Weltgeschichte. Wir alle müssen uns fragen, wie könnte eine
bestandsfähige ökoplanetare Zukunftszivilisation in wenigen Jahr-
zehnten aussehen?
Die eigentliche Chance für eine ökologische Rettungspolitik erwächst
aus dem geistigen Lebensniveau der Gesellschaften. Wir brauchen ein
ökologisches Kultursystem, das auf Herz und Geist gebaut ist. Von
einer erkennenden, das soziale Ganze in sich einschließenden Liebe
aus hätten wir die Welt neu einzurichten.

Marko Ferst

Jahre im September

Gedichte und Erzählungen

Leseproben:
www.umweltdebatte.de

Edition Zeitsprung, 212 Seiten

Jahre im September

Gedichte und Erzählungen

Marko Ferst

Edition Zeitsprung

Über Ostseeinseln wie Öland und Usedom streifen die Gedichte. Sie führen in die schwedische Schärenstadt sowie nach Buchara, Samarkand oder in den Ural. Magische Ausflüge in die Natur und Tierwelt tauchen auf. Gedichte zu Musik, Literatur und Malerei reichern diesen Lyrikband an. Unter die Lupe genommen wird der Drang der Regierenden, uns mehr und mehr auszuspionieren. Kritik zieht das gescheiterte Afghanistan-Abenteuer auf sich, das syrische Totenfeld wird umrissen. In Bangladesch zeichnen sich weitere Landnahmen des Meeres ab, Wasserstände, die mit unserem verschwenderischen Lebensstil im Norden verbunden sind. Sondiert wird, warum unsere Zivilisation ökologisch zu scheitern droht, sich längst im Spätstadium befindet. In der Arktis zeigt sich, wie weit das Vorspiel zum Klimaumsturz schon gediehen ist. Spitzbergen archiviert unsere letzten genetischen Hoffnungen. Den Spuren und Abgründen einer mysteriösen Krankheit wird nachgegangen. Der Band enthält zwei Erzählungen - eine arktische Begegnung zwischen weißen Raubtieren und einen Blick in das sowjetische Speziallager Sachsenhausen.

In der Regel wurde die klassische Rechtschreibung ver-
wendet, in den Gedichten wird auf das „ß" bei „daß"
bewußt verzichtet. Es würde sich lohnen darüber nachzu-
denken bei einer nächsten Rechtschreibreform, ob „dass"
bzw. „daß" wirklich notwendig sind.